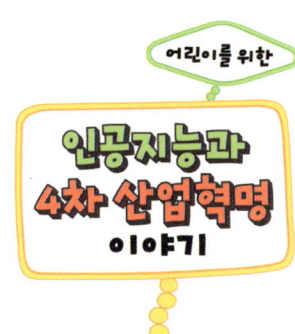

어린이를 위한
인공지능과 4차 산업혁명 이야기

초판 1쇄 발행 2017년 2월 6일
초판 8쇄 발행 2019년 5월 2일

지은이 김상현
그린이 박선하
펴낸이 이지은 **펴낸곳** 팜파스
기획편집 박선희
디자인 조성미 **마케팅** 정우룡
인쇄 (주)미광원색사

출판등록 2002년 12월 30일 제 10-2536호
주소 서울특별시 마포구 어울마당로5길 18 팜파스빌딩 2층
대표전화 02-335-3681 **팩스** 02-335-3743
홈페이지 www.pampasbook.com | blog.naver.com/pampasbook
이메일 pampas@pampasbook.com

값 12,000원
ISBN 979-11-7026-142-1 (73500)

ⓒ 2017, 김상현

· 이 책의 일부 내용을 인용하거나 발췌하려면 반드시 저작권자의 동의를 얻어야 합니다.
· 잘못된 책은 바꿔 드립니다.
· 이 책에 나온 이미지 중 일부는 저작권 확인이 되지 못했습니다. 저작권이 확인되는 대로
  정식동의 절차를 밟겠습니다.

이 도서의 국립중앙도서관 출판시도서목록(CIP)은 서지정보유통지원시스템 홈페이지
(http://seoji.nl.go.kr)와 국가자료공동목록시스템(http://www.nl.go.kr/kolisnet)에서
이용하실 수 있습니다.(CIP제어번호: CIP2017000861)

어린이를 위한

인공지능과 4차 산업혁명 이야기

김상현 글 · 박선하 그림

팜파스

　엄마, 아빠가 어렸을 때는 '상상화'라는 것을 그리는 것이 유행이었어. 많은 어린이가 20년, 30년 후 미래의 모습을 도화지에 크레파스와 물감으로 멋있게 그렸지. 지금의 어른들이 어린 시절에 그렸던 미래는 어떤 모습이었을까? 대부분 자동차들이 날아다니고 사람들은 이상한 우주복 같은 것을 입고 깨끗한 도시를 걸어 다녔지. 달에도 도시가 생겨서 수시로 여행 갈 수 있고, 바닷속에서 살아가는 모습을 그린 친구들도 많았어. '로봇 태권 V'나 '마징가 Z'같은 만화 영화의 영향으로 지구를 지키는 멋진 로봇들도 그림 속에 많이 등장했지. 그리고 대부분 21세기는 아득히 먼 미래라고 생각했어.

이제 막 시작한 미래

그때 생각했던 모습은 아니지만 부모님 세대가 생각했던 미래는 이제 막 시작됐다고 생각해. 뭐가 변했을까 싶기도 하지만 사실 세상은 많이 발전했어. 미래는 한꺼번에 확 다가오지 않고 조금씩 현실이 되는 느낌이야. 그러면서 조금씩 모습이 변해가지.

그때 하늘을 나는 자동차는 상상했지만 스마트폰은 아무도 몰랐어. 이 작은 기계가 세상을 지금처럼 바꿔 놓을 거라고는 꿈도 꾸지 못했지. 여러분이 생각하는 미래의 모습도 막상 그 시대가 되면 참 다른 모습을 보여 줄지도 몰라. 하지만 꿈꾸는 미래가 예전보다는 빨리 올 거라는 건 확실해.

인공지능에 대한 관심과 발전은 미래를 좀 더 빠르게 현실로 만들어 줄 핵심 요소 중 하나겠지. 사람만큼 똑똑한, 아니 사람보다 똑똑한 인공지능들이 개발되면 기술의 발전도 그만큼 비약적으로 빨라지지 않겠어? 하지만 기술의 빠른 발전이 무조건 좋은 것은 아니야. 과학 기술은 좋은 의도로 사용할 때 비로소 가치가 빛나고 인류를 풍요롭게 하거든. 반대로 아무리 좋은 과학 기술도 나쁜 의도로 사용하게 된다면 인류에 재앙을 줄 수 있어. 핵폭탄이나 해킹, 생물학 테러 등이 대표적인 예라고 할 수 있지. 인공지능도 마찬가지야. 인공지능이 사람의 좋은 면만 배운다면 인류의 미래에 큰 공헌을 할 것임에 틀림없어. 하지만 나쁜 마음을 인공지능에게 주입한다면 '터미네이터' 같은 영화에서 봤던 암울한 미래가 찾아올지도 몰라. 과학 기술의 발전과 인간의 윤리는 적절하게 공존해 나가야 하니까 과학자들의 인간성이 아주 중요하겠지?

내가 준비하는 미래

그렇다면 우리는 미래를 위해 어떻게 준비해야 할까? 여러분 손으로 직접 인공지능을 만들고 하늘을 나는 비행기를 개발하겠다는 것은 아직은 조금 이를지도 몰라. 하지만 지금부터 차근차근 준비해 나간다면 빠르게 다가오는 미래에 앞서가는 인재가 될 수 있단다.

미래는 컴퓨터가 기본이 되는 세계가 펼쳐질 거라고 해. 그렇기 때문에 컴퓨터가 이해하는 언어인 프로그래밍 언어에 대한 공부도 시작해 보는 거야. 미국 사람과 이야기를 잘하려면 영어를 공부해야 하듯이 컴퓨터와 대화를 잘하려면 프로그래밍 언어를 배워야겠지? 그리고 과학자들이 만들어 내는 여러 가지 새로운 기술에 대해 꾸준한 관심을 갖는 것도 중요해. 그러면서 '내가 미래에 어떤 것을 만들 수 있을까? 어떤 미래가 펼쳐질까?'를 끊임없이 상상하면 좋을 거야. 미래는 교과서에 나오는 공식으로 만들어지는 것이 아니라 바로 여러분의 상상 속에서 탄생하는 거니까.

   아직까지 엄마, 아빠가 생각했던 미래는 완성되지 않은 것 같아. 어른들이 꿈꾸었던 미래의 모습에 여러분의 상상이 더해진다면 얼마나 멋지고 행복한 미래 사회가 탄생할 수 있을까? 기대해 보자.

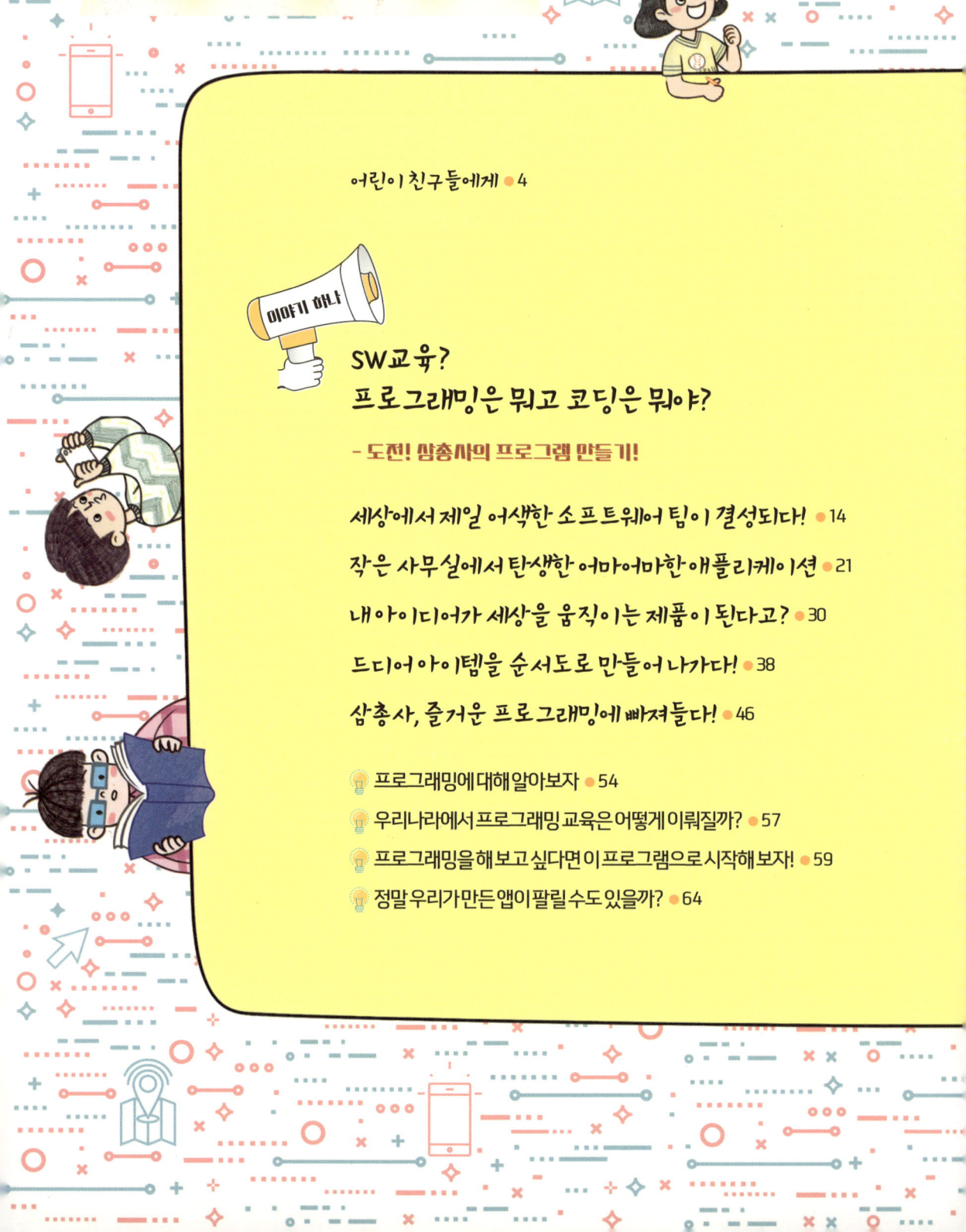

어린이 친구들에게 ●4

이야기 하나
SW교육? 프로그래밍은 뭐고 코딩은 뭐야?
- 도전! 삼총사의 프로그램 만들기!

세상에서 제일 어색한 소프트웨어 팀이 결성되다! ●14
작은 사무실에서 탄생한 어마어마한 애플리케이션 ●21
내 아이디어가 세상을 움직이는 제품이 된다고? ●30
드디어 아이템을 순서도로 만들어 나가다! ●38
삼총사, 즐거운 프로그래밍에 빠져들다! ●46

💡 프로그래밍에 대해 알아보자 ●54
💡 우리나라에서 프로그래밍 교육은 어떻게 이뤄질까? ●57
💡 프로그래밍을 해보고 싶다면 이 프로그램으로 시작해보자! ●59
💡 정말 우리가 만든 앱이 팔릴 수도 있을까? ●64

이야기 둘

집이 똑똑해지고 환경이 과학이 된다

-세진이네 사물인터넷 이야기

우리 집에는 뭔가 특별한 것이 있다 ●68

세진, 저절로 운전하는 자동차를 타고 가다 ●74

점점 똑똑해지는 집에서 보낸 하루 ●81

💡 집에 있는 모든 제품이 인터넷으로 연결된다면 어떻게 될까? ●92
💡 의사 선생님도 사물인터넷? ●94
💡 자동차는 이제 더욱 똑똑해질 거야! ●97

이야기 셋
로봇이 엄마를 대신할 수 있을까?
-엄마를 닮은 인공지능 로봇 안나와 지수의 홈런볼

안나가 항상 내 곁에 있어서 다행이야 ●102
모두의 사랑을 담은 홈런볼 ●110

💡 인공지능은 어떻게 그렇게 똑똑해? ●118
💡 로봇이 사람을 대신할 수 있을까? ●122
💡 인공지능이 사람을 공격하지 않을까? ●124

이야기 넷

우리가 사는 미래는 정말 로봇이 지배할까?

- 인공지능 시대에 대한 어느 토론 수업

차가운 겨울방학, 우리의 앞날에는 어떤 일들이 벌어질까? ● 130

로봇과 함께하는 삶, 인공지능 시대에 일어나는 일들 ● 140

삼총사, 더욱 중요해지는 인간의 삶에 대해 토론하다 ● 146

💡 인공지능 시대에 인간은 어떤 역할을 하게 될까? ● 154
💡 우리의 미래에 대해 생각해 볼 수 있는 영화 <아이, 로봇> ● 155
💡 데이비드 레스닉의 '과학의 윤리' ● 157
💡 말도 뜻도 어려운 '4차 산업혁명'은 무엇일까? ● 161

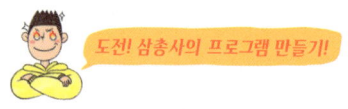
도전! 삼총사의 프로그램 만들기!

세상에서 제일 어색한 소프트웨어 팀이 결성되다!

"자, 내일까지 소프트웨어 경진대회에 참가할 사람들은 신청서를 내는 거 잊지 말고."

종례를 마치며 선생님은 한 번 더 당부하신다. 형주는 선생님의 말씀에 흐흐 웃으며 눈빛을 반짝였다.

'소프트웨어 경진대회라니. 이건 날 위한 대회야!'

이미 교실 뒤편에는 경진대회 포스터가 큼지막하게 붙어 있었다.

국내 최대 소프트웨어 회사가 처음으로 주최하는 대회인데, 초등학생들을 대상으로 열린 대회다. 1등을 하면 상금은 물론이고, 참가 학생이 만든 소프트웨어를 직접 출시하게끔 도와준다고 한다.

형주는 의미심장하게 웃으며 손가락으로 턱을 쓰다듬었다. 다른 아이들은 전혀 관심 없는 눈치지만 형주는 다르다. 이런 일에 빠진다면, 최형주 님이 아니시다. 그도 그럴 것이, 5반에서 가장 의욕이 넘치는 걸로 꼽자면 형주는 둘째가라면 서러워할 것이다. 게다가 소프트웨어 대회라면 형주에게 더 유리한 점이 있다. 형주의 아빠가 IT업계에서 일하시기 때문이다.

'아빠가 전에 프로그램에 대해 이야기해 주신 적도 있으니 경진대회에 도움이 되겠지? 근데 선생님께서 3명 이상으로 팀을 꾸미라고 하셨는데 어쩌지?'

형주는 미간을 찌푸리며 주변을 둘러보았다. 팀으로만 참여할 수 있어서 꼭 팀원을 구해야 하는데, 사실 형주는 친구가 그리 많지 않은 편이다. 일단 제일 친한 영수에게는 진작부터 말을 해 두었다. 마침 영수가 주변을 둘러보는 형주와 눈이 마주치자 알았다는 듯이 손을 내둘렀다.

'영수는 평소에 전자제품이라면 사족을 못 쓰니까.'

문제는 나머지 한 명을 구하기가 영 쉽지 않다는 것이다. 다들 소프트웨어 경진대회를 부담스러워했다. 아무리 의욕이 넘치는 형주라도 뒤늦게 친구를 사귀어 팀원을 만드는 것은 무리다. 결국 형주는 선생님께 도움을 요청했다.

"흐음. 팀원이 한 명 부족하다고?"

"네. 두 명만 참가하면 안 될까요? 선생님, 선생니임~."

형주의 끈질긴 부탁에도 선생님은 고개를 저었다. 그러다 선생님은 손뼉을 치며 반가운 얼굴로 형주를 보았다.

"맞아. 성진이랑 함께하면 어떠니?"

"네? 성진이요?"

형주의 얼굴에는 못마땅한 기색이 가득했다. 성진이는 그야말로 존재감이 없는 친구다. 1학기 때 전학을 온데다가 소심해서 평소에 친구들과 대화도 잘 나누지 않는다. 덩치는 큰데 얼굴은 하얗고 책만 본다. 평소에 잘 웃지도 않고 말도 없는 녀석이라 형주는 팀원 후보로 성진이를 한 번도 떠올린 적이 없다. 그런 성진이를 왜 하필 선생님은 추천하시는 걸까?

"형주야. 한번 같이해 보렴. 성진이네 삼촌이 휴대전화 애플리케이션을 만들어 성공한 젊은 CEO라고 들었거든. 많은 도움이 될 거 같은데?"

"네?"

형주의 미간이 차츰 풀렸다. 그제야 선생님이 왜 성진이를 추천했는지 알 수 있었다.

'성진이네 삼촌이 CEO? 그럼 사장님 아니야?'

형주는 얼떨떨한 얼굴로 고개를 끄덕였다. 애플리케이션을 만들어서 사장님까지 된 삼촌이 있다면 이번 경진대회에도 큰 조언을 해 줄 수 있을 것이다. 형주의 승낙에 선생님의 얼굴에는 환한 미소가 번졌다.

다음 날, 형주는 내키지 않는 발걸음으로 성진이의 자리로 갔다. 성진이는 고개를 책상에 처박은 채 두꺼운 책을 읽고 있었다. 성진이 주변에만 보이지 않는 투명막이 있는 것처럼 거리감이 느껴졌다.

'아, 쟤는 진짜 말 걸기 힘든 분위기야.'

형주는 헛기침을 하고는 입을 열었다.

"성진아. 아, 안녕? 그러니까 저기……."

"……."

성진이는 형주의 부름에 말없이 책에서 시선을 떼어 형주를 보았다.

"나, 나랑 같이 소프트웨어 경진대회에 나가지 않을래? 그러니까. 선생님이 너랑 나가라고 하셨어!"

형주는 구구절절 설명을 하려다 결론부터 말하기로 했다. 선생님이

성진이를 팀원으로 묶어 주신 것은 사실이니까. 뭐, 묶어 주셨다기보다는 추천해 주신 거지만.

"나랑?"

"…왜, 나가기 싫어?"

성진이는 눈동자를 굴리며 잠시 생각하다 신중하게 입을 열었다.

"아니. 실은 나가고 싶어. 사실 선생님이 처음 말씀하셨을 때부터 나가고 싶었어. 그런데 팀원이 3명이라야 된다던데."

"그건 걱정 마. 영수도 나갈 거야."

"정말?"

성진이의 눈이 크게 뜨였다. 성진이의 눈가에 반가운 웃음이 걸렸다. 형주는 그런 성진이를 보고 잠시 말하는 것을 잊었다. 같은 반에서 지내며 성진이가 웃는 것을 처음 봤기 때문이다.

'이 녀석, 이렇게 웃을 줄도 아네?'

"흐흠, 너네 삼촌 이야기도 하시더라고. 도움이 될 거라면서. 어쨌든 너 하기로 한 거다!"

말을 마치고 후다닥 돌아서는 형주에게 성진이는 미소 띤 얼굴로 고개를 열심히 끄덕였다.

자리로 돌아온 형주는 한숨을 내쉬었다.

'어쨌든 팀을 결성했으니 이제 잘하는 일만 남은 거야.'

오늘 아침에는 벌써 아빠에게 대회에 나가 우승할 거라고 선포까지 한 상태다. 아빠는 그런 형주를 흐뭇하게 보며 응원한다고 했다. 형주의 눈빛이 다시 의욕으로 불타올랐다.

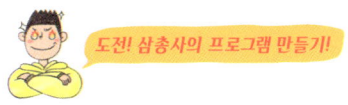

도전! 삼총사의 프로그램 만들기!

작은 사무실에서 탄생한 어마어마한 애플리케이션

일단 팀이 결성된 이상, 매일 만나야 한다는 형주의 으름장에 성진이와 영수는 매일 방과 후에도 교실에 남아야 했다. 그것이 어느 정도 효과가 있었는지 영수와 성진이는 어느새 꽤 친해진 듯했다. 여느 때처럼 교실에 남아 아이스크림을 먹고 있는 성진이를 형주는 의미심장한 눈빛으로 보았다. 애초에 성진이를 팀원으로 받아들인 목적은 바로 성진이의 삼촌 때문이었다.

"야, 너네 삼촌이 소프트웨어로 스타트업인가 뭔가 회사를 차렸다면서."

"응? 그렇지."

"그럼, 우리 팀의 멘토로 너네 삼촌이 딱이야. 그렇지?"

"엉? 그거야 그렇지만…."

"자, 그렇다면 오늘의 일정은 멘토 방문!"

"뭐, 뭐라고? 이렇게 갑자기?"

"야. 뭐야. 성진이네 삼촌한테도 물어봐야지."

당황해하는 성진이를 보고 영수도 손을 내저으며 형주를 말렸다. 하지만 이미 결심이 선 형주는 막무가내였다. 난처한 기색을 보이던 성진이는 결국 고개를 끄덕였다. 성진이는 삼촌에게 전화를 걸어 다음 날 함께 성진이 삼촌네 회사를 찾아가겠다고 이야기했다. 다행히 휴대폰 너머로 들려오는 성진이 삼촌의 목소리가 유쾌했다. 형주는 가슴이 부풀어 올랐다.

'신난다! 내일이면 회사 사장님을 만나는 거잖아?'

다음 날, 수업을 마치자마자 형주, 영수, 성진이는 성진이 삼촌이 운영하는 회사를 찾았다. 회사 건물 앞에 도착한 형주는 고개를 갸우뚱했다.

"성진아. 여기가 정말 회사야?"

"응. 우리 삼촌 여기서 일해."

"여기는 그냥 동네 카페 같은데."

김빠진 얼굴로 형주가 말하자 성진이는 곧 입을 다물었다. 형주는 뭔가 더 으리으리한 건물을 기대하고 있었는데, 막상 도착한 곳은 너무 작고 아담한 작업실 같았다. 투명한 문 너머로 사무실 풍경이 살짝 비춰졌는데 사람도 몇 없어 보였다.

'뭐야. 회사라더니. 그냥 동아리 같은 거 아니야? 선생님이 CEO라고 알려 주셔서 난 더 큰 회사일 줄 알았는데.'

실망한 듯한 형주의 눈치에 성진이는 자기도 모르게 침울해졌다. 영수가 그런 성진이를 보고 형주에게 일부러 너스레를 떨며 말했다.

"야, 회사가 카페 같을 수도 있지. 회사는 말 그대로 일하는 곳이잖아."

영수의 말에 성진이는 그제야 기운이 났는지 살짝 웃으며 고개를 끄덕였다. 형주가 내키지 않은 얼굴로 대꾸했다.

"그렇긴 하지만."

"아무튼 들어가 보자고."

영수는 쾌활한 목소리로 말했다. 성진이가 형주의 기색을 살피자 형주는 한숨을 쉬며 고개를 끄덕였다.

사무실 안은 형주가 엄마랑 자주 가는 카페와 크기나 분위기가 비슷했다. 책상과 의자도 자유롭게 배치되어 있었고, 음악도 흐르고 있었다. 한쪽에는 다과들이 잔뜩 쌓여 있었다.

사무실 안에는 고작 네 명이 앉아서 일을 하고 있었다. 형주의 실망한 기색이 더 짙어졌다.

"쿵. 쿵. 뭔가 자유의 냄새가 나지 않냐?"

영수는 능청스럽게 코를 쿵쿵대며 말했다. 아까부터 형주의 눈치를 보던 성진이는 영수의 말에 그제야 기분이 풀리는 듯 쿡쿡대며 웃었다.

그러다 누군가를 발견하고 성진이가 손을 들어 보였다.

"삼촌! 나 왔어."

"어? 성진이 왔구나!"

사무실을 둘러보고 있던 형주와 영수는 목소리가 들려오는 쪽을 바라보았다. 자리에서 일어나는 사람을 보고는 둘 다 깜짝 놀랐다. 성진이 삼촌은 고등학생이라고 해도 믿을 만큼 앳된 얼굴이었기 때문이다.

'저 사람이 CEO라고?'

형주는 상상과 다른 현실에 눈을 끔벅였다.

"아, 너희들이 성진이 친구들이구나. 이야기를 들었어. 자, 이쪽으로 와 앉으렴."

성진이 삼촌은 의자를 세 개 끌어와 자신의 자리 근처에 놓았다. 형주는 쭈뼛대며 자리로 향했고 영수와 성진이도 호기심 어린 눈빛으로 발걸음을 옮겼다.

성진이 삼촌 자리에는 커다란 모니터가 세 개나 있었다. 모니터에는 뭔가 처음 보는 화면들로 가득했다.

"삼촌, 내 친구들이야. 형주랑 영수."

성진이는 얼굴을 붉히며 친구라는 말을 했다. 영수는 성진이의 소개에 씨익 웃으며 인사를 했다. 형주도 고개를 꾸벅 숙이며 인사를 했다.

"그래. 난 성진이 삼촌이야. 잘 왔다. 나도 성진이 친구들이 궁금했거든."

"근데 뭐 하고 있었어?"

"응? 새로운 애플리케이션 코딩 작업을 하고 있었어."

코딩이라는 말에 형주는 눈빛을 반짝였다. 컴퓨터와 소프트웨어에 관련된 이야기를 할 때면 아빠는 코딩이라는 말도 자주 하셨다. 한번은 아빠가 간략하게나마 형주에게 코딩에 대해 알려 주기까지 했다.

"야. 저 복잡해 보이는 영어들이 말로만 듣던 코딩인가 봐."

영수의 말에 성진이도 관심 있게 모니터 안 글자들을 보았다. 그런 아이들의 모습에 삼촌은 하하 웃음을 터트렸다.

"맞다. 너희들. 소프트웨어 경진대회에 나가기로 했다고 했지. 자, 궁금한 게 있으면 물어봐. 내가 힘이 되는 데까지 도와줄게."

"정말요?"

성진이 삼촌의 말을 듣자 형주의 입이 헤벌쭉 벌어졌다. 기다렸다는 듯이 형주는 입을 열었다.

"저, 정말 프로그램을 만들어서 CEO가 되신 거예요?"

"응. 그렇다고 볼 수 있지."

CEO라는 말에 성진이 삼촌은 머리를 긁적였다.

"남들은 대박이 났다고도 말해 주는데, 사실 그냥 대학교 때 취미로 만든 프로그램에 사람들이 관심을 많이 가져 준 정도야."

"삼촌, 전에 TV에도 나왔었잖아."

성진이가 냉큼 말하자, 형주와 영수의 눈이 휘둥그레졌다.

"아, 그건 우리 애플리케이션을 대기업에서 사들이게 되어서. 그것과 관련된 인터뷰를 한 거야."

성진이 삼촌이 만든 휴대전화 애플리케이션을 한 IT 회사가 구입하면서 성진이 삼촌의 이름도 크게 유명해졌다. 성진이 삼촌의 애플리케이션을 구매한 대가로 IT 회사는 삼촌에게 많은 돈을 지불했고, 그 자금을 바탕으로 지금의 회사를 차리게 됐다는 것이다.

"근데 왜 이렇게 작은 회사를 만들었어요? 돈을 많이 받았다면서?"

영수가 천진난만한 얼굴로 묻자 성진이 삼촌은 또다시 유쾌하게 웃었다.

"우리는 이 상태가 좋아. 너희도 이제 소프트웨어를 만들어 보면 알게 되겠지만, 하나의 프로그램을 만드는 데 많은 사람이 있어야 하는 건 아니거든."

"정말요?"

"응. 중요한 것은 아이디어와 프로그램을 향한 창의적인 관심, 그리고 소통이야."

성진이 삼촌네 회사에 다니는 네 사람은 모두 학교 다닐 때 함께 프로그램을 개발하던 친구였다고 한다. 친구들과 함께 자유롭고도 즐겁게 놀듯이 일하는 것이 이 회사의 운영 철학이라고 성진이 삼촌은 이야기를 덧붙였다.

삼촌의 동료 중 한 명이 세 아이들에게 주스를 가져다주었다. 형주는 주스를 마시며 사무실을 다시 한 번 둘러보았다.

이 손바닥만 한 사무실에서 대기업이 탐낼 만큼 어마어마한 애플리케이션이 탄생했다니 믿기지가 않았다. 한편으로는 소프트웨어를 만든다는 것이 정말 자유롭고도 창의적인 일인 것 같다는 생각이 들었다.

'아이디어와 창의적인 관심, 소통만 있다면 말이지.'

형주와 영수, 성진이는 삼촌의 말을 곱씹으며 생각에 잠겼다.

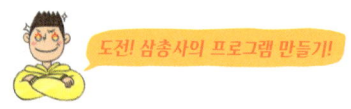

내 아이디어가 세상을 움직이는 제품이 된다고?

"그럼, 내가 뭘 도와줄까?"

성진이 삼촌의 말에 형주가 뜸을 들이면서 이야기했다.

"경진대회에 나가려면 프로그램을 만들어야 하는데, 막상 어떻게 시작해야 할지 모르겠어요."

형주의 말에 영수와 성진이는 의외라는 얼굴로 형주를 보았다.

항상 의욕에 넘치는 형주였기 때문에 당연히 경진대회에 대한 구체적인 계획을 가지고 있을 줄 알았던 것이다. 사실 형주도 평소 아빠에게 전해 들은 지식도 있어서 스스로 잘해 나갈 거라고 믿었다.

그런데 막상 프로그램을 만들려니 가장 큰 문제에 부딪히게 된 것이다. 그것은 바로,

"그래. 그럼 너희는 어떤 프로그램을 만들고 싶니?"

성진이 삼촌은 형진이의 속마음을 읽은 것처럼 형주의 문제를 일러 주었다. 형주는 망설이다 입을 열었다.

"아직 결정을 안 했는데, 하나 골라 주시면 안 돼요?"

그러자 성진이가 눈을 동그랗게 뜨며 형주를 쳐다보았다. 성진이 삼촌도 놀란 표정을 하기는 마찬가지였다. 영수는 무슨 소리인지 모르겠다는 표정이었다.

"사실 저는 프로그램을 만들려면 코딩만 잘하면 되는 줄 알았어요. 저는 아빠가 알려 주셔서 코딩을 해 본 경험도 있거든요."

"와, 대단한데? 벌써 코딩을 해 봤다니."

성진이 삼촌의 칭찬에 형주는 어깨를 으쓱였다. 성진이도 대단하다는 눈빛으로 형주를 보았다. 영수만이 심드렁하게 말을 내뱉었다.

"코딩만 할 줄 알면 뭐해. 어떤 프로그램을 할지도 못 정하는데."

'우씨. 저 녀석이.'

영수의 타박에 형주는 발끈하면서도 아무 말도 못했다. 영수의 말이 사실이기 때문이다. 성진이 삼촌은 두 사람을 보다 입을 열었다.

"영수가 좋은 지적을 했어. 이것이 프로그램을 만들 때 가장 중요한 결정이기도 해. 다른 사람이 정해 준 프로그램을 만들려면 아이디어도 한정되고 즐겁게 프로그래밍하기도 어려워."

"즐겁게 프로그래밍을 한다구요?"

영수는 고개를 갸우뚱했다. 복잡해 보이는 코딩이나 말만 들어도 어려워 보이는 소프트웨어를 과연 즐겁게 할 수 있을까? 솔직히 형주가 끈질기게 조르지만 않았어도 영수는 이 경진대회에 참가할 생각을 하지 않았을 것이다. 그런 영수의 생각을 알고 있다는 듯이 성진이 삼촌이 미소를 띠며 말했다.

"그래. 내가 학교 다닐 때 '소프트웨어는 내 꿈을 현실로 만들어 주는 도구'라는 말이 있었거든. 머릿속의 상상을 프로그래밍이라는 기술로 구현할 수 있으니까. 그런데 남의 꿈으로 만들면 이상하잖아. 내가 정말 어떤 프로그램을 만들고 싶은지를 정해야 다음 단계로 순조롭게 나아갈 수 있어."

삼촌의 말에 성진이의 표정이 골똘해졌다. 형주와 영수도 생각에 잠겼다. 모두 자신이 어떤 프로그램을 만들고 싶은지를 곰곰이 생각하고 있었다.

그러다 영수가 손뼉을 치며 말했다.

"아. 맞아. 난 이런 게 있었으면 좋겠다고 생각했었어."

"뭔데?"

형주가 별 기대 없는 표정으로 묻자 영수가 의미심장하게 씨익 웃었다. 성진이와 성진이 삼촌도 미소를 지으며 영수가 이야기해 주기를 기다렸다.

"저는 평소에 야구를 정말 좋아하거든요. 얼마나 좋아하냐면 야구 서포터즈가 되고 싶어 아빠한테 매일매일 경기장에 가자고 조를 정도예요. 제가 좋아하는 팀은 엘리펀트유니버스인데요. 거기서 선발투수로 진짜 멋진 선수가 있는데요. 이름이,"

"야, 야. 딴 데로 새지 말구!"

형주가 타박하자 영수는 야구 이야기를 하다 멈칫했다. 성진이는 그런 영수가 재미있는지 쿡쿡 웃었다.

"아. 그러니까. 저는 엘리펀트유니버스 팀의 경기를 매일 챙겨 보고 싶거든요. 그런데 현실적으로 그건 힘들어요. 학교 끝나고 학원도 가야 하고, 숙제도 하고, 게임도 해야 하니까요."

영수의 말에 성진이와 형주도 고개를 끄덕였다. 두 아이가 맞장구를 치자 영수는 더 신이 나서 이야기를 했다.

"그래서 전부터 제가 좋아하는 야구팀이 경기를 하면 자동으로 경기

소식을 알려 주고, 중계 소식도 전해 주는 앱이 있으면 좋겠다고 생각했어요. 꼭 챙겨 봐야 할 큰 경기는 놓치지 않고 싶거든요. 혹시 못 본다면 중계 소식과 점수라도 실시간으로 알고 싶어요."

"우와. 그런 생각을 했었다니 정말 재미있는 애플리케이션이 나올 수 있을 것 같은데?"

성진이 삼촌의 칭찬을 듣고 나니 영수는 우쭐한 기분이 되었다. 좋은 생각인 것 같다는 성진이와 달리 형주는 입을 다물고 있었다. 형주는 영수의 아이디어가 나쁘지는 않지만 우쭐한 모습을 보자니 얄미운 생각이 들었던 것이다.

성진이 삼촌은 아무 말도 없는 형주를 흘낏 보고는 부드러운 목소리로 말했다.

"좋아. 그런데 내가 아까도 말했지? 프로그램을 만드는 데 중요한 것은 아이디어와 프로그램을 향한 관심, 그리고…."

"소통이요."

형주가 냉큼 대답하자 성진이 삼촌은 웃으며 고개를 끄덕였다.

"그래. 소프트웨어를 만드는 작업은 협업도 무척이나 중요해. 거기에 소통은 가장 중요한 능력이기도 하지. 자, 영수의 아이디어도 좋지만, 아직 너희 셋이 모두 찬성한 내용은 아니야. 그러니 이것은 너희끼리 따로 의논해서 최종적으로 결정하는 게 좋겠다. 아이디어를 완성한 다음에, 그것을 어떻게 구현해 나가야 할지에 대해 설명해 줄게."

성진이 삼촌의 말에 형주는 아쉬움이 가득한 얼굴이 되었다. 뭔가 대단한 아이디어를 삼촌이 제시해 줬으면 했던 기대가 물거품이 되었기 때문이다.

영수는 자신의 아이디어가 바로 채택이 되지 않아 아쉽기는 했지만, 그래도 상기된 얼굴로 고개를 끄덕였다. 평소 관심 있게 생각한 아이디어가 실제 소프트웨어가 될 수도 있다는 생각에 가슴이 두근거렸다. 성진이도 셋이서 함께 의논하며 소프트웨어를 만들 생각을 하니 기대감에 부풀어 올랐다.

각자 생각에 잠긴 아이들을 바라보며 성진이 삼촌은 말을 이었다.

"참, 아이디어를 반영한 애플리케이션 아이템은 되도록 상세하게 만들어야 해. 아이템이 야구 프로그램이라면, 그 프로그램에서 어떤 내용을 보여 줄 것인지를 정해야겠지. 처음부터 너무 욕심을 내서 많은 것을 보여 주려고 하면 개발하기도 어려워지고 프로그램도 정신없어진단다."

"네!"

성진이 삼촌의 말에 형주와 영수, 성진이는 열심히 고개를 끄덕였다.

"반대로 너무 보여 주는 내용이 없다면, 재미가 없어져. 그래서 나는 아이템을 정리하는 작업을 정말 중요하게 생각해. 일단 아이템에 넣고 싶은 기능을 전부 끄집어내 보렴. 그런 다음에 팀원들이 함께 이야기하면서 덜어 낼 것은 무엇인지 정리하는 거야. 그렇게 아이디어를 추려서 아이템을 완성해 보렴."

삼촌이 설명이 길어지자 영수의 표정은 멍해졌다. 형주와 성진이는 열심히 성진이 삼촌의 말을 수첩과 스마트폰에 적었다. 어느덧 시간이 흘러 돌아갈 때가 되었다.

집으로 돌아가는 길에 성진이는 용기를 내어 형주에게 말을 걸었다.

"저기, 형주야. 다음번에는 우리 집에서 모일까?"

"응? 너희 집?"

형주가 의아한 얼굴로 묻자 성진이는 우물쭈물하며 이야기했다.

"우리 삼촌이랑 같이 살거든. 우리 집에서 삼촌이랑 의논도 하고… 또 놀아도 좋으니까…."

"오, 그거 좋은 생각인데? 난 의논보다 같이 노는 게 더 땡긴다!"

"……."

영수가 성진이의 의견에 흔쾌히 찬성하자 성진이의 얼굴이 밝아졌다. 형주가 아직 대답을 하지 않자 성진이는 형주의 눈치를 살폈다.

형주는 성진이와 대회 참가를 같이 할 뿐 친하게 지낸다는 생각은 전혀 하지도 않고 있었다. 전학 온 지 한참 되었지만 아직 반에서 친구도 한 명 사귀지 못한 성진이다. 말도 잘 안 하고, 매번 두꺼운 책만 보며 자리에 앉아 있던 성진이에게 다가가는 친구들은 한 명도 없었다. 하지만 형주는 이번 대회를 준비하면서 솔직히 성진이가 생각보다 자주 웃고 성격도 친절하다고 느꼈다. 어쩌면 성진이는 그동안 선뜻 먼저 친구들에게 다가가지 못했던 것뿐인 건 아닐까?

그때 영수가 형주의 팔을 흔들었다. 얼른 냉큼 대답하라는 무언의 압박이 가득한 눈빛이다.

형주는 어깨를 으쓱하며 시큰둥한 말투로 대답했다.

"그러자. 너희 집에서 같이 준비하고 놀지, 뭐."

형주의 말에 성진이의 얼굴에는 밝은 웃음이 번져갔다. 영수도 덩달아 기분이 좋은지 휘파람을 불었다. 그제야 형주의 얼굴에서 슬쩍 미소가 피어났다.

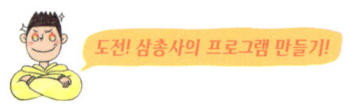
도전! 삼총사의 프로그램 만들기!

드디어 아이템을 순서도로 만들어 나가다!

형주의 얼굴은 어느새 붉어져 있었다. 그도 그럴 것이, 아까부터 열 띤 토론이 멈춰지지 않고 있었다.

목이 말라 벌컥벌컥 음료를 마셨더니, 성진이 엄마가 방에 두고 간 주스 잔도 비워진 채였다.

성진이가 차분하게 필기를 하며 이야기를 이어 갔다.

"보통 야구를 하면 공격과 수비를 번갈아 하면서 9회까지 경기를 해. 3아웃도 기본이고. 선수는 9명이고, 후보까지 다 보여 줘야 할까? 참, 우리나라 프로야구팀을 다 넣으면 10팀 정도야."

"그래. 그 정도는 애플리케이션에 다 나와야지."

영수가 맞장구를 쳤다.

"우리가 만들 게임은 그럼 어떤 거지? 스마트폰으로 하는 야구 경기 게임이야?"

형주가 다시 한 번 물었다. 그렇다. 아이디어는 논의에 논의를 거듭한 끝에 자신이 좋아하는 야구팀으로 게임을 하는 애플리케이션을 만들기로 결정을 내린 것이다. 경기 중계를 보는 애플리케이션은 재미가 없다며 형주가 게임으로 만들자는 의견을 냈다. 거기에 성진이와 영수가 찬성하면서 애플리케이션 아이템이 결정되었다.

형주의 질문에 책상에 앉아 아이들을 보던 성진이 삼촌이 말을 덧붙였다.

"실제 경기처럼 할 수 있게 만들면 좋겠지만, 이건 스마트폰으로 하는 게임이란 걸 생각해야 해. 한 경기를 마치려면 몇 시간 이상 스마트폰을 붙들고 있어야 하는데, 그건 좀 힘들지 않을까?"

삼촌의 말에 아이들은 고개를 끄덕였다. 성진이가 턱을 긁으며 의견을 냈다.

"삼촌, 그러면 야구 경기를 확 줄여서 홈런 경쟁만 하는 게임으로 만들어 보면 어떨까? 좋아하는 선수 캐릭터 4~5명만 등장시키고, 투수

가 던지는 공을 정확한 타이밍에 치는 게임 같은 거면 스마트폰으로도 쉽게 할 수 있을 것 같아."

성진이의 일목요연한 의견에 형주와 영수의 입이 떡 벌어졌다.

"우와. 방성진. 너 진짜 천재구나?"

영수의 너스레에 성진이의 얼굴이 붉어졌다. 이번만큼은 형주도 인정하지 않을 수 없었다.

"정말이야. 너 어떻게 그런 생각을 다 했냐?"

"아니, 별거 아니야."

성진이 얼굴이 더 빨개지자 성진이 삼촌이 하하 웃으며 의견을 덧붙였다.

"좋아. 나도 그게 더 흥미로워 보이네. 올스타전 홈런 레이스 정도로 보면 되겠는걸? 이렇게 되면 캐릭터를 만드는 시간도 확 줄어들고 경기 진행도 단순해져. 그러면 프로그램을 만드는 데 필요한 시간과 노력도 줄일 수 있어. 경진대회까지도 충분히 만들 수 있을 거야."

성진이 삼촌은 지금 상황에 가장 적합하게 아이디어를 정리해서 애플리케이션 아이템을 기획하는 것이 중요하다고 강조했다. 형주는 이 말을 잊지 않기 위해 공책을 꺼내 적었다.

성진이는 부끄러운지 얼른 애플리케이션으로 화제를 돌렸다.

"이제 아이템이 정해진 것 같으니까 프로그램을 설계하는 일을 해야 겠다. 삼촌, 이제 어떻게 해야 해?"

성진이의 질문에 성진이 삼촌은 책상에 턱을 괸 채 이야기했다.

"일단 프로그램이 할 일을 일일이 나열해 보는 것이 우선이야. 프로그램을 켜면 처음에 어떤 화면이 나오고, 첫 화면에서 다음 화면으로 어떻게 넘어가고 뭘 보여 줄지를 만들어야 해. 이것들은 그림으로 그려 보는 것이 좋아. 굳이 예쁘게 그릴 필요는 없고 우리가 알아볼 정도로 스케치해 보자."

아이들은 성진이 삼촌의 말을 귀담아 들었다.

"그런 다음에 그 그림들을 순서대로 쫙 펼쳐놔 보렴. 그러한 일을 우리 프로그래머들은 '순서도를 작성한다'고 말해."

"순서도를 작성한다고요?"

"응. 이렇게 순서도를 작성해 보면 새로운 아이디어를 더할 수 있고, 문제가 될 수 있는 부분도 미리 확인해 볼 수 있어."

형주와 영수는 삼촌의 말이 영 이해가 되지 않는 눈치였다. 형주가 다시 물었다.

"삼촌, 이해가 안 돼요. 자세히 설명해 주시면 안 돼요?"

형주의 말에 삼촌은 웃으며 말했다.

"당연히 되지. 안 될 게 뭐가 있니? 그럼 예를 하나 들어 볼까? 형주야. 탁자 위에 있는 물을 들어서 마시려면 어떤 과정을 거치게 될까?"

형주는 어깨를 으쓱이며 대답했다.

"그냥 손으로 컵을 잡고 들어서 마시는 거 아니에요? 무슨 과정을 거치다니요?"

"형주가 방금 말한 과정이 바로 물을 마시는 과정이란다."

삼촌은 좀 더 자세히 설명하기 위해 펜을 잡았다.

"만약 물을 마시는 과정을 로봇에게 명령한다고 생각해 보렴. 일단 물을 마시려면 컵이 어디 있는지 확인해야겠지? 그리고 로봇 팔에게 컵을 잡으라는 신호를 줘야 해. 물을 마시기 위해 컵을 입이 있는 높이까지 들어야 하고. 그런 다음 입에 컵을 가져다 대고 어느 정도로 컵을 기울여야 할지, 얼마만큼의 속도로 움직여야 물이 입 안으로 들어올지까지 로봇에게 알려 줘야 해. 이러한 순서를 하나하나 계획한다고 보면 돼. 간단하게 순서도를 그리면 이렇게 그릴 수 있을 거야."

삼촌은 종이 위에 순서도를 쓱쓱 그리기 시작했다.

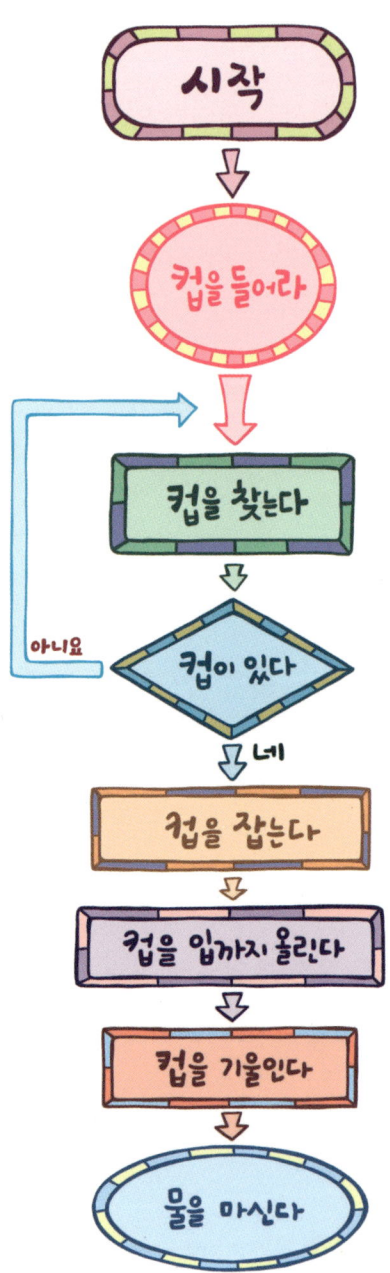

"아!"

아이들은 그제야 고개를 끄덕였다. 하나의 프로그램을 설계한다는 것은 모든 행동의 과정을 나타내고 경우의 수까지 순서도로 표현하는 것이다.

성진이 삼촌은 아이들을 보며 미소를 지었다.

"이제 순서도를 만들고 어떻게 하면 좀 더 빈틈이 없으면서도 단순하게 만들 수 있을지 고민해 보는 게 좋겠다."

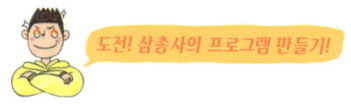

도전! 삼총사의 프로그램 만들기!

삼총사, 즐거운 프로그래밍에 빠져들다!

"자, 순서도를 만들어 보자."

삼촌의 말에 형주가 조금 다급한 얼굴로 물었다.

"삼촌. 그러면 진짜 프로그래밍은 언제 해야 해요? 자꾸 순서도만 만들라고 하시면."

"아이고. 이 녀석, 지금 하는 것도 프로그래밍의 단계야. 프로그래밍 언어로 코딩하는 것만 프로그래밍이라고 생각하는구나?"

"네? 그럼 코딩이 프로그래밍인 게 아니에요?"

형주의 말에 영수도 의아한지 머리를 긁적였다. 영수도 형주도 모두 코딩이 프로그래밍 작업이라고 생각하고 있었기 때문이다.

"음. 코딩은 단순히 너희의 아이디어를 컴퓨터가 알아들을 수 있는 언어로 번역해 주는 일일 뿐이야. 컴퓨터가 사람의 말을 알아들을 수 없으니까."

"아, 프로그래밍, 코딩 너무 헷갈려요."

영수의 푸념에 성진이네 삼촌은 고개를 끄덕였다.

"그렇기도 하겠다. 사실 코딩이라는 말에는 여러 가지 뜻이 있어. 요즘은 프로그래밍과 코딩이라는 말을 혼동해서 쓰기도 해. 흔히 코딩 교육을 말할 때의 '코딩'은 컴퓨터가 이해할 수 있는 언어로 만들어서 입력하는 작업을 뜻해. 기계가 해석해서 실행할 수 있도록 작성된 명령서를 컴퓨터 프로그램이라고 하고. 이것을 만드는 일을 컴퓨터 프로그래밍이라고 해."

"아, 그러면."

잠자코 있던 성진이가 이제야 알겠다는 듯이 불쑥 끼어들었다.

"코딩은 프로그래밍의 한 과정인 거네? 컴퓨터가 이해하는 언어로 입력하는 과정. 프로그래밍은 실제로 작동하는 프로그램을 만드는 전 과정을 말하고."

"그렇지. 오우~ 성진. 대단한데?"

성진이 삼촌의 맞장구에 성진이의 얼굴에 자신감이 어렸다. 형주와 영수는 또다시 입을 떡 벌리고 성진이를 볼 뿐이었다.

"하지만 별도로 코딩이라고 말할 때는 '일정한 문법을 가진 인공적인 언어'를 사용해서 기계가 이해하고 실행할 수 있는 명령서를 작성하는 걸 말해. 너희들 C언어, 자바(Java)라는 말을 들어 봤지?"

"네. 아빠가 간단히 코딩을 가르쳐 주실 때 자바라는 언어로 가르쳐 주셨다고 했어요."

형주가 냉큼 대답하자 성진이 삼촌이 눈을 찡긋했다.

"그래. 그런 언어들을 바로 프로그래밍 언어라고 한단다. 일정한 문법으로 기계가 이해할 수 있게 만들어진 컴퓨터 언어들이지."

어려워지는 말들에 도통 이해를 하기 어렵다는 얼굴로 앉아 있던 영수가 머리를 벅벅 긁으며 말했다.

"아, 어렵다. 어려워. 그러니까. 프로그래밍은 컴퓨터 프로그램을 만드는 과정, 처음부터 끝까지의 모든 행위를 말한다는 거죠?"

"그렇지!"

"맞아!"

성진이 삼촌과 성진이가 동시에 대답하다 서로를 보고 웃었.

형주와 영수는 여전히 완벽하게 이해되지는 않았지만, 대략 감이 잡힌 얼굴이었다.

어려운 코딩 작업만이 전부인 줄로 알았는데, 순서도를 만드는 과정도 프로그래밍이었다니 영수는 오히려 프로그래밍이 더 쉽게 느껴지기도 했다. 그러다 영수는 대뜸 삼촌에게 물었다.

"근데, 저랑 성진이는 코딩을 한 번도 해 본 적이 없는데요. 이제 어떻게 하지요?"

"흐음. 어떻게 하지? 그렇다고 포기하는 건 좀."

"절대 포기 못해요!"

세 아이들은 동시에 외쳤다. 함께 아이디어를 내고 토론해서 애플리케이션의 아이템 기능까지 다 생각했는데, 여기에서 포기할 수는 없었다. 점점 자신들의 아이디어가 실제 소프트웨어가 될 수 있다는 기대감에 아이들은 짜릿한 기분도 느꼈다. 아이들의 빛나는 눈빛을 보고 성진이 삼촌은 덩달아 가슴이 두근거렸다. 이제 막 꿈을 키우는 마음 상태, 그것은 자신이 처음 애플리케이션을 만들었을 때를 떠올리게 했던 것이다.

"뭐든지 처음이 가장 중요한 거야. 너희 셋이 모여서 반짝이는 아이디어를 많이 만들어 내는 것이 가장 중요하고, 그리고 그걸 잘 표현할 수 있는 방법을 고민해 보는 과정이 중요해. 그렇게 너희의 꿈을 컴퓨터에게 이해할 수 있도록 코딩해 주면 되는 거란다. 코딩 프로그램은 너희도 쉽게 배울 수 있는 것들이 많이 있어. 그건 나중에 우리 회사에 한 번 더 와서 배워 보자."

삼촌의 말에 아이들은 천군만마를 얻은 것처럼 든든했다.

다음 날, 방과 후 교실에서 세 아이들은 한자리에 모였다. 며칠 사이 급격히 친해진 것 같은 기분이 드는 것은 성진이만이 아닌 것 같았다. 형주도 영수도 모두 훨씬 가까워진 기분이었다. 더욱이 서로 만나기만 하면 아이디어가 넘쳐나 서로의 의견을 듣느라 시간이 가는 줄도 몰랐다.

소극적이던 성진이도 순서도 작업을 할 때면 적극적인 모습으로 돌변해 청소하던 아이들도 흘깃 성진이를 쳐다볼 정도였다. 코딩 작업을 배울 때는 형주가 주도적인 모습으로 두 친구들을 이끌었다. 애플리케이션을 만들고 테스트 과정을 거칠 때는 영수가 활약했다. 야구팬으로 적극적으로 의견을 내서 애플리케이션을 보완하는 작업까지 순조롭게 진행되었다.

세 아이들의 작품 "홈런 게임볼"은 무사히 경진대회에 출품되었다. 이제 심사가 진행될 일만 남았다.

아이들은 애플리케이션을 다 만들고 나서도 여전히 방과 후에 교실에 남았다.

"야. 이번에는 축구 게임 어때?"

"잉? 야구나 축구나 뭐가 달라? 좀 새로운 거 해 볼까?"

"난 홈런 치는 거 재미있던데. 홈런 많이 치기 게임 같은 건 어때?"

형주, 영수, 성진이의 아이디어는 끊이지 않았다. 서로 아이디어를 주고받는 과정 자체가 재미있고 실제 애플리케이션으로 나오면 어떨지를 상상하면 신이 났다.

'그래서 즐거운 프로그래밍이라고 했던 거구나!'

형주는 성진이 삼촌의 말을 떠올리며 빙그레 웃음을 지었다.

프로그래밍에 대해 알아보자!

흔히 말하는 프로그래밍(programming)이란 컴퓨터 프로그래밍을 뜻하는 말이야. 우리가 컴퓨터에게 시키고 싶은 일을 컴퓨터 언어로 만들어 알려 주는 작업을 말하지. 컴퓨터나 스마트폰으로 자주 하는 게임, 홈페이지를 만드는 작업도 프로그래밍이라고 해. 또 게임, 홈페이지 등을 열고 작동하게 하는 기반환경인 운영체제(OS, Operating System)를 만드는 것도 프로그래밍이라고 해.

최근 들어 우리나라는 물론, 선진국을 중심으로 프로그래밍 교육이 늘어나고 있어. 학교 교육 과정에도 프로그래밍 교육을 필수 과목으로 만들고 있지. 학교에서 꼭 배워야 할 지식이라고 판단될 만큼 IT(정보통신 기술, Information Technology)가 중요해졌다는 뜻이야.

영국의 경우, 초·중·고등학교 필수 과목으로 프로그래밍이 들어가게 되었어. 미국은 오바마 대통령이 직접 프로그래밍 교육을 권장하고 '일주일에 1시간씩 프로그래밍하기'라는 캠페인까지 펼치고 있어. 세계 경제의 주역이 된 중국도 오래전부터 학생들에게 프로그래밍 교육을 시행해 왔어.

이렇게 많은 국가들이 프로그래밍 교육에 열을 올리는 이유는 뭘까? IT 기술의 발전 때문이기도 하지만 전문가들은 어릴 때부터 프로그래밍 교육을 받으면 창의력, 사고력, 논리력을 키울 수 있다고 이야기해.

우리가 어떤 문제를 해결하기 위해서는 복합적인 사고력과 논리적인 추론 능력이 반드시 필요해. 형주와 친구들처럼 프로그램을 만들거나, 프로그래밍 프로그램을 이용해서 캐릭터를 움직이는 과정 등은 이러한 복합 사고 능력과 논리력을 시시때때로 요구하기 때문에 사고력을 기르기에 아주 적합한 대상이지.

요즘에는 복잡한 프로그래밍 언어나, ==컴퓨터에 일을 시키기 위한 명령체계(일명, 알고리즘) 등==을 배우지 않아도 재미있는 놀이처럼 프로그래밍을 배울 수 있는 도구들도 많이 있어. 그래서 더 쉽게 프로그래밍을 배우면서 체계적인 사고 능력과 문제 해결 능력을 길러 낼 수 있단다.

아이폰으로 유명한 애플의 창업자 스티브 잡스는 "모든 사람들이 프로그래밍을 배워야 합니다. 프로그래밍은 생각하는 방법을 가르쳐 줍

니다."라고 말했어. 미국의 오바마 대통령도 "비디오 게임을 사지만 말고 직접 만드세요. 휴대폰을 갖고 놀지만 말고 프로그램을 만드세요."라고 강조했단다. 우리 이제 프로그래밍이라는 재미있는 놀이의 세계에 한 번 빠져 보는 건 어떨까?

초·중·고등학교별 소프트웨어 교육 목표(교육부, 소프트웨어 교육 운영 지침)

학교 영역	초등학교	중학교	고등학교
생활과 소프트웨어	소프트웨어가 가져온 생활의 변화를 알고, 정보사회에 필요한 건전한 의식과 태도를 가진다.	소프트웨어 활용의 중요성을 알고, 정보 윤리의 개념을 이해하여 올바른 정보 생활을 실천하고, 정보를 교류할 수 있다.	컴퓨팅 기술과 융합된 다양한 분야를 이해하고, 정보 윤리를 실천하며, 정보기기를 올바르게 조작할 수 있다.
알고리즘과 프로그래밍	알고리즘과 프로그래밍을 체험하여 실생활의 다양한 문제를 컴퓨팅 사고로 이해할 수 있다.	간단한 알고리즘을 설계하고 프로그램을 개발하여 문제를 해결할 수 있다.	알고리즘을 효율적으로 설계하고, 프로그램을 개발하여 창의적으로 문제를 해결할 수 있다.
컴퓨팅과 문제해결		컴퓨팅 사고력에 기반하여 실생활 문제를 해결할 수 있다.	컴퓨팅 사고를 기반으로 다양한 분야와 융합하여 문제를 해결할 수 있다.

우리나라에서 프로그래밍 교육은 어떻게 이뤄질까?

교육부에 따르면 2015년에 중학교에 입학한 학생부터 의무 교육으로 소프트웨어를 배우게 돼. 초등학생과 고등학생은 각각 2017년과 2018년부터 의무적으로 수업 시간에 프로그래밍 교육이 들어가지. 컴퓨터를 이용한 문제 해결 능력을 기르는 공부를 하게 돼. 컴퓨터나 태블릿 PC를 이용해서 직접 프로그램을 만드는 체험 활동도 진행된단다. 중학교의 경우 1년에 34시간으로 일주일에 1시간씩 수업을 받게 돼.

초·중·고등학교별 프로그래밍 교육의 내용 요소(교육부, 소프트웨어 교육 운영 지침)

영역	초등학교	중학교	고등학교
생활과 소프트웨어	나와 소프트웨어 -소프트웨어와 생활 변화	소프트웨어의 활용과 중요성 -소프트웨어의 종류와 특징 -소프트웨어의 활용과 중요성	컴퓨팅과 정보 생활 -컴퓨팅 기술과 융합 -소프트웨어의 미래
	정보 윤리 -사이버 공간에서의 예절 -인터넷 중독과 예방 -개인정보 보호 -저작권 보호	정보 윤리 -개인정보 보호와 정보 보안 -지적 재산의 보호와 정보 공유	정보 윤리 -정보 윤리와 지적 재산 -정보 보안과 대응 기술
		정보기기의 구성과 정보 교류 -컴퓨터의 구성 -네트워크와 정보 교류	정보기기의 동작과 정보 처리 -정보기기의 동작 원리 -정보 처리의 과정

영역			
알고리즘과 프로그래밍	문제 해결 과정의 체험 -문제의 이해와 구조화 -문제 해결 방법 탐색	정보의 유형과 구조화 -정보의 유형 -정보의 구조화	정보의 표현과 관리 -정보의 표현 -정보의 관리
		컴퓨팅 사고의 이해 -문제 해결 절차의 이해 -문제 분석과 구조화 -문제 해결 전략의 탐색	컴퓨팅 사고의 실제 -문제의 구조화 -문제의 추상화 -모델링과 시뮬레이션
	알고리즘의 체험 -알고리즘의 개념 -알고리즘의 체험	알고리즘의 이해 -알고리즘의 이해 -알고리즘의 설계	알고리즘의 실제 -복합적인 구조의 알고리즘 설계 -알고리즘의 분석과 평가
	프로그래밍 체험 -프로그래밍의 이해 -프로그래밍의 체험	프로그래밍의 이해 -프로그래밍 언어의 이해 -프로그래밍의 기초	프로그래밍의 이해 -프로그래밍 언어의 분류
			문제해결과 프로그래밍 -프로그래밍의 실제
컴퓨팅과 문제 해결		컴퓨팅 사고 기반의 문제해결 -실생활의 문제 해결 -다양한 영역의 문제 해결	컴퓨팅 사고 기반의 융합 활동 -프로그래밍과 융합 -팀 프로젝트의 제작과 평가

프로그래밍을 해 보고 싶다면 이 프로그램으로 시작해 보자!

1) LightBot(www.lightbot.com)

라이트봇(LightBot)은 지정된 모든 칸에 로봇이 불을 다 밝히면 성공하는 게임이야. 이 게임에서는 알고리즘(순서)이 정말 중요해. 그래서 프로그래머들의 프로그래밍 능력을 체크해 주는 게임이라고도 말하지. 본격적인 프로그래밍을 배우기 전에 해 봐도 좋을 거야. 외국 회사의 게임이기 때문에 '언어 선택'을 한국어로 설정해 놓고 시작해 보렴.

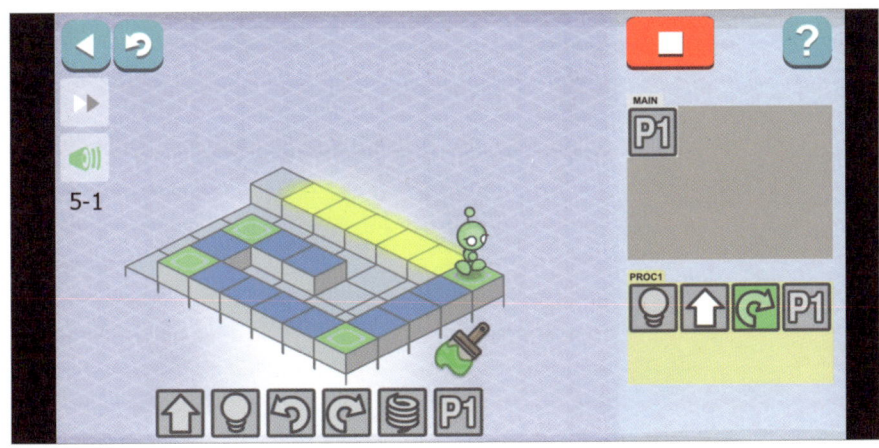

2) Code Studio(www.code.org)

집에서 할 수 있는 프로그래밍 교육 사이트야. 다양한 종류의 코딩 교육이 담겨져 있어. 특히 마인크래프트 같은 이미 인기 있는 게임을 이용해 프로그래밍의 기초를 배울 수 있고, 스타워즈, 겨울왕국 등 인기 캐릭터들을 이용한 공부도 가능해. 나이 대에 맞는 교육 과정이 준비되어 있으니까 꼭 한 번 들려 보길 바랄게. 코드 스튜디오(Code Studio) 역시 외국 사이트지만, 한글로 거의 번역되어 있어서 사용하는 데 무리가 없을 거야.

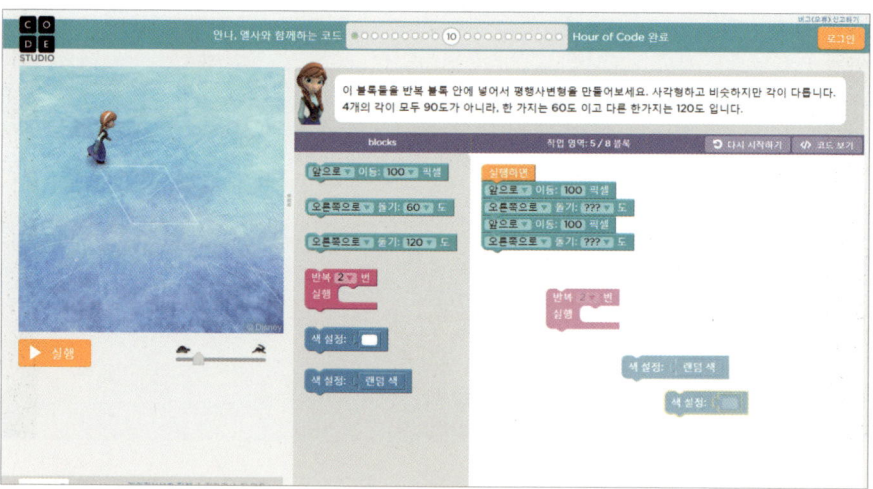

3) 엔트리(Playentry.org)

코드 스튜디오와 비슷한 사이트로, 여기서도 다양한 게임으로 프로그래밍을 배울 수 있어. 자신이 직접 만든 프로그램을 공유해서 추천도 받을 수 있으며, 댓글로 의견을 주고받을 수도 있어. 초등학생부터 중학생 이상까지 학습 과정에 맞는 코스를 골라서 공부해 보자. 다른 친구들이 만든 작품도 꼭 한 번 실행해 보면 좋겠어.

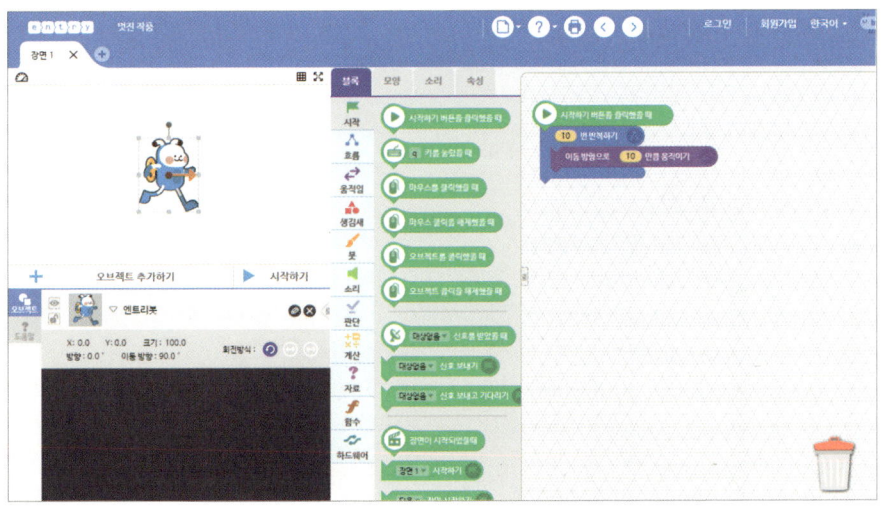

4) Hopscotch(무료/iOS 전용)

스마트폰이 있는 친구라면 무료 애플리케이션(application)을 받아서 프로그래밍의 원리를 배우면 좋겠지? 홉스코치(Hopscotch)는 바로 어린이 전용 프로그래밍 교육 애플리케이션이야. 캐릭터의 움직임, 춤 동작, 흐름을 설정하고 상호작용하게 만들 수 있어. '부모가 선정한 앱 골든 어워드'를 수상했으며 2014년에는 '베스트 에듀케이셔널 테크놀로지'로 선정된 아주 좋은 학습 애플리케이션이야. 하지만 영어로 된 곳이 많으니까 부모님이나 선생님의 도움을 받는 것이 좋을 거야.

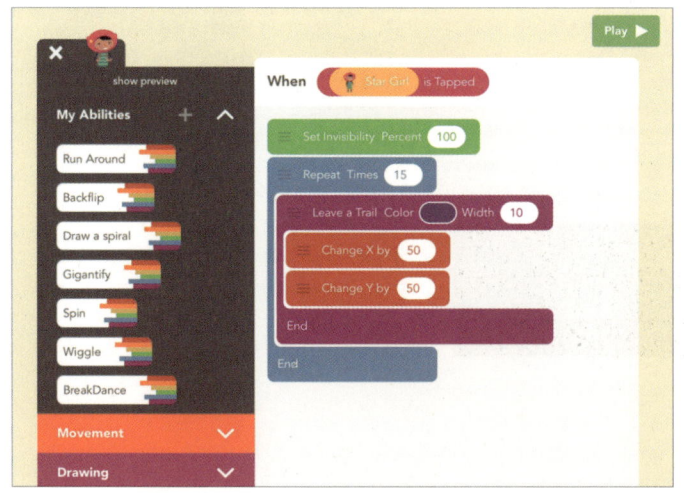

5) Cargo-Bot(무료/iOS 전용)

카고 봇(Cargo-Bot)은 게임을 하면서 프로그래밍 지식을 익힐 수 있는 프로그래밍 교육 애플리케이션이야. 게임 전체가 ==손가락으로 화면을 직접 조종하면서 코딩을 공부할 수 있는== 코딩 애플리케이션 '코데아(Codea)'를 통해 제작됐다는 특징이 있지. 이 게임은 로봇의 팔을 조종해서 상자를 지정된 영역으로 옮기는 방식의 게임이야. 간단해 보이지만 그렇게 쉽지는 않을 거야. 게임을 하다 보면 단계별로 코딩 과제를 수행할 수 있어. 메뉴가 영어로 되어 있어 살짝 겁이 날지 모르지만 몇 번만 해 보면 쉽게 이해할 수 있을 거야.

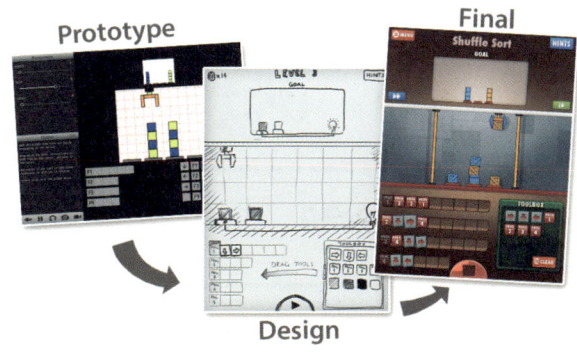

정말 우리가 만든 앱이 팔릴 수도 있을까?

아무리 프로그래밍이나 코딩을 배워도 아직 어린 우리가 할 수 있는 일에는 한계가 있지 않을까? 이렇게 생각하는 친구들이 많을 것 같아. 하지만 이미 어린이 혹은 청소년 형, 누나들이 앱을 만들어서 스토어에 등록하고 돈을 번 사례가 많아.

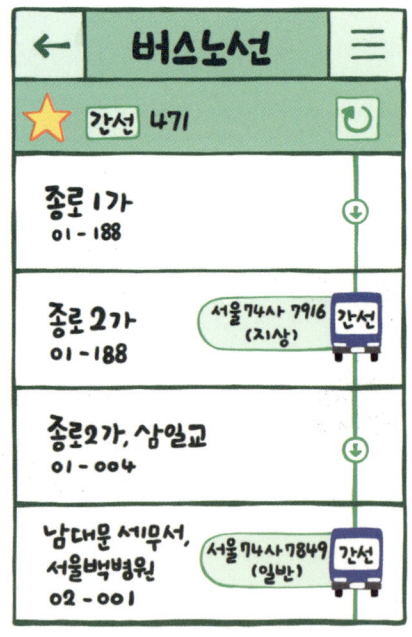

서울버스 앱은 고등학생이 만든 애플리케이션이야!

2010년에는 당시 14살이었던 미국의 피어스 프리먼이라는 친구가 '카드쉐어'라는 온라인 명함 소프트웨어를 만들어서 세계 최초의 중학생 개발자가 되었지. 우리나라에서도 2012년에 '플라즈마디벨롭먼트'라는 회사가 이슈가 되었어. 이곳은 14~16세의 중학생 7명이 머리를 맞대고 소프트웨어를 만드는 회사야. 2009년 스마트폰이 처음 출시됐을 때에 '서울버스'라는 애플리케이션을 만들어 주목받은 유주완 씨는 당시 고등학교 2학년이었어. 유주완 씨는 초등학교 4학년 때부터 프로그램을 공부했다고 해. 서울버스 앱은 지금 우리나라 최대 포털 중 한 곳에 팔려서 운영하고 있지. 별로 복잡하지 않은 프로그램이지만 학생 특유의 번뜩이는 아이디어가 크게 인정받았다고 해. 멋지지?

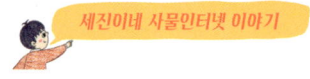

세진이네 사물인터넷 이야기

우리 집에는 뭔가 특별한 것이 있다

벚꽃이 피어나는 3월 말, 아직은 쌀쌀한 바람이 부는 아침이다. 세진이는 여느 때와 달리 이른 아침부터 눈이 번쩍 떠졌다. 그도 그럴 것이 오늘이 바로 세진이의 생일이기 때문이다. 작년 생일과는 달리, 올해 생일은 유난히도 손꼽아 기다렸다. 바로 생일파티를 핑계 삼아 같은 반 친구인 나나를 초대하고 싶어서다.

후다닥 일어나 세수를 하면서 세진이는 또 한 번 다짐했다.

'이세진, 이건 절호의 기회야! 나나랑 더 친해질 수 있는 기회!'

3월 초, 학급에서 나나를 처음 봤을 때부터 세진이의 가슴은 두근거렸다. 나나와 친해지고 싶은데, 새 학기 첫날인데도 나나는 이미 친구가 많아 보였다. 그중 3학년 때부터 나나와 같은 반이었던 가영이는 늘 나나와 붙어 다녔다. 그래서 세진이가 나나에게 다가가 말을 붙일 기회가 좀처럼 나지 않았던 것이다. 세진이는 자신의 생일날이 되면 나나를 초대하기 위해 말을 붙이리라 생각했다.

"엄마, 다녀올게요. 이따 맛있는 거 잔뜩이요!"

세진이는 아침밥도 먹는 둥 마는 둥 하며 가방을 들고 부리나케 학교로 달려갔다.

"나나야."

세진이가 쉬는 시간에 나나에게 다가갔다. 가영이와 이야기하던 나나는 세진이의 부름에 고개를 돌렸다.

'우와. 나나는 오늘도 정말 예쁘구나.'

나나의 트레이드마크 같은 긴 생머리에는 전에 보지 못했던 큐빅 핀이 반짝거리며 달려 있었다. 하얀 피부는 유난히 오늘따라 맑아 보여서 세진이는 가슴이 설렜다. 예쁘고 상냥한 나나는 당연하게도 남학생들에게 인기가 많았다. 세진이가 나나를 부르자 덩달아 몇몇 남학생들이 세진이를 돌아볼 정도였다.

"응? 나 불렀어?"

"어? 어… 그게, 실은 오늘이 내 생일이야."

"아, 정말? 생일 축하해. 세진아."

"아, 고마워. 하핫."

세진이가 얼굴을 붉히며 웃자 나나는 따라 웃다가 다시 가영이에게 고개를 돌리려 했다. 나나의 웃음에 잠시 용건을 잊을 뻔했던 세진이는 냉큼 나나에게 진짜 용건을 털어놓았다.

"저, 그래서 말인데. 너 오늘 우리 집에 오지 않을래?"

"너희 집에?"

나나의 눈이 휘둥그레졌다. 맞은편에 앉아 있던 가영이도 황당하다는 얼굴로 세진이를 보았다. 대뜸 자기 집에 오라니 당황할 만도 하겠다 싶어서 세진이는 얼른 말을 덧붙였다.

"그게. 우리 엄마가 같은 반 친구들을 초대하라고 했거든. 생일파티에 음식 솜씨를 발휘해 보신다나 뭐라나. 그래서 너랑… 가영이까지 초대하고 싶어서."

"나도?"

이번에는 가영이의 눈이 휘둥그레졌다. 세진이는 머리를 긁적이며 고개를 끄덕였다.

'아무래도 나나만 초대하면 너무 속 보이는 행동일 테니까.'

세진이의 모습에 가영이의 한쪽 눈썹이 휙 치켜 올라갔다.

"아무리 생일이라도 그렇지. 당일에 초대하면 어떻게 해? 우리가 시간이 안 될 수도 있는데. 뭐 대단한 파티라도 여는 거니?"

가영이가 조목조목 따지자 세진이는 잠시 할 말을 잃었다. 나나의 단짝 친구인 가영이는 운동도 잘하고, 목소리도 커서 덩치 큰 남학생들도 가영이한테는 주눅이 들 때도 있다. 가영이가 지적하자 세진이는 뭐라고 대답해야 할지 몰라 망설였다. 나나는 잠자코 그런 세진이를 보고 있었다. 바로 그때 오늘 아침 아빠가 한 말이 떠올랐다.

"하핫. 녀석. 생일이라 싱글벙글이구나. 그래도 친구들이 오늘 우리 집에 오면 꽤나 신기해 할 게다. 재미있는 시간 보내렴."

'맞아. 우리 집은 뭔가 특별한 것이 있잖아!'

세진이는 냉큼 입을 열었다.

"당일에 초대한 건 미안해. 대단한 파티는 아니지만, 그래도 우리 집에 오면 신기한 체험을 할 수 있을 거야."

"신기한 체험?"

나나가 궁금한 얼굴로 물었다. 세진이는 자신 있게 고개를 끄덕였다.

"응."

세진이는 떨리는 손으로 문자 메시지를 보냈다.

'아빠, 제발요.'

나나와 가영이가 생일 파티에 오기로 했다. 세진이는 "알겠어."라고 말하는 나나의 모습에 눈을 끔뻑였다. 같은 반이 되고 한 달이 다 되어 가도록 말 한마디 붙이지 못한 세진이의 초대에 나나가 응한 것이다. 잔뜩 신이 난 얼굴을 감추지 못하는 세진이는 곧이어 말하는 나나의 한마디에 그대로 멈칫했다.

"기대할게."

나나는 말을 마치고 부드럽게 웃었다. 세진이가 말한 '신기한 체험'이 나나의 호기심을 자극한 것이 분명했다.

"나도 기대할게. 정말 어마어마하게 신기한 게 집에 있나 보지?"

가영이의 말이 세진이에게 무거운 돌덩이와 같은 부담감을 안겼다.

"그, 그럼."

"이따가 수업 끝나고 교문 앞에서 보자."

나나가 웃으며 돌아설 때까지만 해도 세진이는 뭔가 자신감이 있었다. 그런데 막상 수업이 끝날 때가 다가오자 손에 땀이 배일 정도로 긴장이 되었다.

'혹시 별거 아니라고 실망하면 어떻게 하지?'

세진이는 안절부절못하다가 쉬는 시간을 알리는 종이 울리자 냉큼 복도로 뛰어나와 아빠에게 구조요청을 보낸 것이다.

'아빠. 꼭 해 주셔야 해요!!!'

메시지에 느낌표를 세 개나 붙였지만, 아빠에게서 좀처럼 답이 오지 않았다. 쉬는 시간이 끝나가는데도 답이 오지 않자 세진이는 울상이 되었다. 마지막 4교시가 시작되는 종이 울릴 무렵 세진이의 휴대폰이 부르르 떨렸다.

'으이구. 알았다. 아들.'

"앗싸!!!"

세진이는 그 자리에서 방방 뛰었다. 수업 종이 울려 교실로 들어가던 아이들이 그런 세진이를 의아한 눈으로 보았지만 세진이는 신경 쓰지 않았다.

'이건 정말 신기해할 거야!!'

이미 TV나 매체에서 알려진 기술이지만 아직 시중에 나오지는 않은 기술이다. 세진이 아빠가 그것을 연구하는 일을 하고 있어서 부탁할 수 있었던 건데, 흔쾌히 아빠가 부탁을 들어준 것이다. 세진이는 시계를 보았다. 아까와 달리 얼른 수업이 끝나기만을 기다리면서 말이다.

 세진이네 사물인터넷 이야기

세진, 저절로 운전하는 자동차를 타고 가다

"나나야, 여기!"

세진이는 운동장 한쪽 길로 걸어오는 나나와 가영이를 발견하고 손을 흔들었다. 나나와 가영이는 세진이를 보고는 빠른 걸음으로 교문 앞으로 갔다. 교문 근처에는 검은색 승용차가 서 있었는데 세진이는 승용차 옆에 서 있었다.

"자, 가자."

"어머. 우리 이거 타고 가는 거야?"

가영이가 깜짝 놀라서 묻자 세진이는 씨익 웃으며 고개를 끄덕였다.

나나도 학교 앞까지 승용차가 와 있자 놀란 눈치였다. 나나와 가영이가 선뜻 탈 생각을 못하고 있자 세진이가 머리를 긁적이며 말했다.

"우리 아빠가 특별히 준비해 준 거야. 오늘 친구들이 파티에 온다고 하니까."

"그냥 걸어가도 되는데, 차까지 태워 주다니. 좀 부담스럽다. 얘."

가영이가 까다롭게 말하자 세진이가 놀라 손을 내저었다.

"아니야. 그게, 아까 내가 한 말 기억해?"

"무슨 말?"

"혹시 신기한 체험을 한다는 말 말하는 거니?"

나나가 대꾸하자 세진이가 고개를 끄덕였다.

"응. 그게 지금부터 신기한 체험이 시작되는 거거든. 얼마 멀지 않으니까 같이 타자."

나나와 가영이는 서로 마주 보다 뒷좌석 문을 열었다. 나나와 가영이는 타자마자 깜짝 놀랐다. 운전석에 아무 사람도 없었기 때문이다.

이윽고 세진이가 타자 자동차에서 목소리가 흘러나왔다.

"도착 장소 입력 확인. 안전벨트를 매어 주세요."

나나와 가영이는 할 말을 잃고 세진이를 바라보았다. 세진이가 의기양양하게 말했다.

"자, 안전벨트를 매. 그래야 출발할 수 있거든."

세진이가 안전벨트를 매자 나나와 가영이도 쭈뼛거리며 안전벨트를 맸다. 이윽고 목소리가 흘러나왔다.

"경로 확인을 마쳤습니다. 1분 후 출발합니다."

나나는 침을 꿀꺽 삼켰다. 지금 아무도 운전석에 없는데, 차가 혼자 출발한다는 이야기인가 싶어 가영이를 보았다. 가영이도 놀란 나머지 아무 말도 없이 운전석과 운전석에 달린 모니터를 뚫어지게 쳐다보았다.

"엄마야!!"

부웅~ 소리와 함께 자동차가 출발하자 나나는 깜짝 놀라 안전벨트를 두 손으로 꼭 잡았다. 믿기지 않는 일이 일어나고 있었다. 운전석에 아무 사람도 없는데도, 핸들이 움직이며 자동차가 앞으로 나아가고 있었던 것이다. 신호가 있거나 앞에 횡단보도나 사람, 강아지라도 있을 경우에는 아까와 똑같은 목소리로 안내 방송이 흘러나왔다.

"말도 안 돼."

나나가 입을 열자 세진이가 수줍게 웃으며 뒷자석을 바라보았다.

"많이 신기하지?"

"응. 이런 일이 가능하다니. 나 이런 건 영화에서나 봤어."

가영이가 말하자 세진이가 머리를 긁적였다.

"아빠 말로는 아직 상용화된 기술은 아니라고 하는데, 오늘 시험 운행하는 걸 미리 허가받았다고 해."

"무슨 시험 운행?"

"혹시 들어 봤니? 자율주행 자동차라고."

"자율주행 자동차?!"

나나와 가영이가 동시에 외치자 세진이가 또다시 머리를 긁적였다.

"응. 우리 아빠가 IT 기술을 연구하는 일을 하시거든. 그중에 특히 사물인터넷 기술을 사용해서 제품을 만드는 일을 하셔. 그래서 시험 삼아 우리 집에 사물인터넷 제품들을 만들어 놓고 사용하고 있거든."

"그래서 아까 집에 오면 신기한 체험을 할 수 있을 거라고 했구나?"

가영이가 무릎을 탁 치며 말하자 세진이가 고개를 끄덕였다. 가영이와 세진이의 대화를 듣던 나나가 잠시 망설이다가 입을 열었다.

"그런데 사물인터넷이라니 그게 대체 뭐니? 나는 그런 데 관심이 별로 없어서."

"아. 너 사물인터넷이라고 몰라? 요즘 냉장고 광고에도 나오잖아."

가영이가 말하자 나나는 고개를 저었다. 모른다는 사실이 부끄러웠는지 나나의 양 볼이 붉게 물들었다.

"사실 아직 모르는 친구들이 더 많아. 나는 우리 아빠가 알려 주셔서 좀 더 많이 알고 있는 거야."

세진이가 부드럽게 말하자 나나는 붉어진 얼굴로 세진이를 보았다.

"사물인터넷(Internet of Things)이라는 것은 쉽게 말해 물건들끼리 대화하는 걸 말해."

"물건끼리 대화한다고?"

"응. 냉장고, TV, 자동차 같은 물건에 센서를 붙여서 정보와 데이터를 주고받게 만드는 거지. 우리가 인터넷이나 전자제품을 사용하려면 직접 움직여서 작동시켜야 하잖아? 하지만 사물인터넷 기술을 사용하면 우리가 직접 움직이지 않아도 제품들끼리 알아서 필요한 정보를 주고받으며 작동할 수 있게 돼. 이 자동차도 도로 상황을 알려주는 교통 정보와 속도 등을 자동으로 계산해서 운전을 하고 있는 거지. 자동차로부터 전송된 정보도 교통 상황으로 나타나게 되고. 우리 집에서 아빠가 그런 사물인터넷 기술을 사용한 제품들을 테스트하고 있어."

"정말? 그럼 이 자동차도 다른 물건들과 대화하는 중이란 말이야?"

"그렇지. 도로에 부착된 각종 신호 센서들과 인터넷으로 전송되는 정보들을 보고 인공지능이 판단해서 움직이는 거야."

세진이의 설명에 나나와 가영이는 입을 다물지 못했다. 이렇게 어렵고 신기한 지식을 세진이는 아무렇지도 않게 줄줄 말하고 있었다. 그뿐만이 아니라, 운전석 옆에 부착된 모니터에 뜨는 다양한 정보를 확인해 가며 이야기를 하고 있었다.

"이제 곧 도착이래."

세진이가 웃으며 이야기하자 나나와 가영이는 눈을 깜박이며 고개를 끄덕였다. 새삼 세진이가 달라 보였다.

세진이가 사물인터넷에 대해 잘 알고 있는 건 역시 아빠의 영향이 컸다. 남들에게 말하지 않았지만, 세진이 아빠는 우리나라 사물인터넷 분야의 권위자이시다. 테스트용으로 제품을 집에 설치할 때면 아빠는 항상 인공지능에 대해 설명해 주셨다. 그럴 때면 세진이는 새로운 기술에 흠뻑 빠져서 얼른 제품으로 나와 친구들에게 아빠가 만들었다고 자랑하고 싶다고 말했다. 그런 세진이에게 아빠는 항상 당부하셨다.

"세진아. 새로운 기술이 항상 좋은 변화만 가져다주는 건 아니야. 그 기술을 어떻게 써야 하는지에 대한 고민을 늘 해야 하거든. 새로운 기술을 접할 때는 그래서 더욱 신중해야 하는 거란다."

아빠가 엄중하게 당부하셨기 때문에 그동안 세진이는 함부로 신제품에 대해 자랑하거나 사용하지 않았던 것이다. 하지만 오늘만큼은 아빠도 허락했다. 어느새 자동차는 세진이네 집 앞에 다다라 있었다.

세진이네 사물인터넷 이야기

점점 똑똑해지는
집에서 보낸 하루

아이들이 학교에서 출발할 즈음 세진이의 엄마는 집에서 TV를 보고 있었다. TV 화면 한 귀퉁이에 세진이가 학교에서 출발했다는 소식이 떴다. 도착 예정 시간까지 뜨자 세진이 엄마는 잠시 고민했다.

'드라마가 곧 끝나니깐 조금만 더 보고 준비해도 시간은 충분하겠지?'

이내 드라마가 끝나고 광고가 나오자 세진이 엄마는 기지개를 크게 한 번 켜고 자리에서 일어났다. 냉장고 앞으로 걸어가니 냉장고 앞 패널에서 추천 요리와 레시피가 떴다. 세진이 엄마는 그중 세진이가 가장 좋아하는 탕수육과 케이크를 터치했다. 세진이가 나나가 좋아한다며 꼭 사 달라고 부탁한 마카롱도 빼먹지 않고 눌렀다. 음식을 설정하고 인원수를 입력하니 냉장고가 자동으로 계산하여 냉장고 안에 있는 재료와 없는 재료를 알려 주었다.

'흐음, 마카롱과 케이크는 따로 주문해야겠는걸?'

엄마가 냉장고에 없는 재료와 함께, 마카롱과 케이크를 선택하고 '주문' 버튼을 눌렀다.

이제 곧 주문한 내용이 근처 마트로 전송될 것이다. 주문한 상품이 도착할 시간이 뜨자 엄마는 턱을 문지르며 생각했다.

'아, 좀 더 빨리 오면 좋겠는데.'

이윽고 얼마 전에 말한 세진이 아빠의 말이 떠올랐다.

"이제 드론 택배가 서비스로 정착되면 우리는 주문한 상품을 훨씬 더 빨리 받아 보게 될 거야. 미국에서는 서점 사이트 아마존이 벌써 드론 택배를 서비스로 하고 있지."

세진이 엄마는 어깨를 으쓱했다.

'그렇게 되는 날이 얼른 오면 좋겠는걸.'

세진이 엄마는 콧노래를 하며 냉장고 문을 열고 재료를 꺼내 요리를 하기 시작했다. 제품을 테스트하기 위해 집안 곳곳에 사물인터넷 제품을 두었는데, 이제는 사물인터넷이 없으면 불편해서 어떻게 지낼까 싶은 생각이 들었다. 방금 전에 냉장고가 재료를 결정하고 근처 마트에 주문을 넣는 기능도 세진이 아빠가 근처 마트와 함께 개발하고 있는 시스템이다. 마트의 재고와 집의 냉장고 상황을 정확하게 계산해 항상 필요한 것을 주문할 수 있게 하는 기술이다. 그전에는 매번 요리에 필요한 재료를 확인해서 시장에 가도 가끔 빼먹고 사지 못한 재료들이 있었다. 그럴 때마다 세진이에게 심부름을 시켜 보내고는 했는데, 이제는 그럴 필요가 없는 것이다.

한창 요리를 하고 있는데 엄마의 시계에서 알람이 울렸다.

"아, 맞다. 약을 먹을 시간이지!"

이미 테이블에는 엄마가 챙겨 먹을 약이 적량으로 제조되어 나와 있었다. 세진이 엄마는 며칠째 목감기로 고생하다가 주치의의 처방약을 먹고 이제 거의 나아가는 중이다.

세진이 엄마는 화가로 일하고 있다. 며칠 전부터 세진이 엄마는 목감기가 단단히 걸렸다. 하지만 예정된 일정 때문에 병원에도 가보지 못하는 상황이었다. 도통 목감기가 낫지 않자 세진이 엄마는 결국 원격 진료를 받기로 했다.

그저께 세진이 엄마는 안방에서 세진이 아빠가 설치한 헬스케어 모니터로 주치의를 만났다. 각종 자동 키트로 세진이 엄마의 상태를 진찰한 주치의는 진료를 마치고 처방약을 주었던 것이다.

세진이 엄마는 감기약을 물과 함께 삼키며 중얼거렸다.

"흐음. 이럴 때는 참 편리하다니까."

탕수육과 요리가 다 되어 가고, 근처 마트에서 남은 재료와 케이크, 마카롱까지 배달되었다. 콧노래를 흥얼대며 세진이 엄마가 요리를 끝낼 무렵 알림음이 울렸다.

아이들을 태운 자동차가 주차장으로 들어왔다는 신호였다. 요리를 하고 있는 엄마의 눈높이에 걸려 있는 무선 패드에서 주차장에서 내리는 아이들의 모습이 화면으로 보였다. 세진이 엄마는 서둘러 상차림을 하기 시작했다.

차에서 내린 아이들은 엘리베이터를 타고 세진이네 집으로 올라갔다. 나나와 가영이는 처음 보는 장치들이 마냥 신기했는지 두리번거렸다. 자동차도 신기했지만 엘리베이터도 여느 엘리베이터와 달랐다. 엘리베이터에 달린 거울에는 오늘의 날씨와 뉴스가 계속 나오고 있었다. 게다가 어떻게 알았는지 나나와 가영이를 환영한다는 문구까지 나타났다.

엘리베이터에서 내리고 나서 세진이가 문 앞에서 "우리 집."이라고 말하고는 현관문을 덜컥 열었다.

"엄마, 나 왔어요!"

세진이가 반가운 목소리로 외치고 안으로 들어서자 나나와 가영이는 고개를 갸우뚱했다.

'세진이네 집은 현관문을 항상 열어 놓나?'

분명히 초인종도 누르지 않고, 도어락 같은 것도 없었다. 이제 궁금한 것은 그냥 물어보자고 생각한 가영이는 세진이에게 다가가 물었다.

"너희 집은 현관을 항상 열어 놓니?"

"아니? 왜?"

"왜긴, 방금 그냥 문을 열었잖아. 이것도 뭐가 신기한 게 있는 거야?"

호기심에 눈을 반짝거리는 가영이를 보고 세진이는 그제야 알겠다는 듯이 웃었다.

"응. 우리 방금 엘리베이터를 타고 왔잖아."

"그랬지."

"그때 거울에서 내 홍채랑 목소리, 얼굴 형태 같은 생체 시스템을 파악해서 내가 온 것을 이미 확인한 거야. 방금 문고리를 잡을 때 지문도 감식되었어. 그래서 문이 바로 열린 거야."

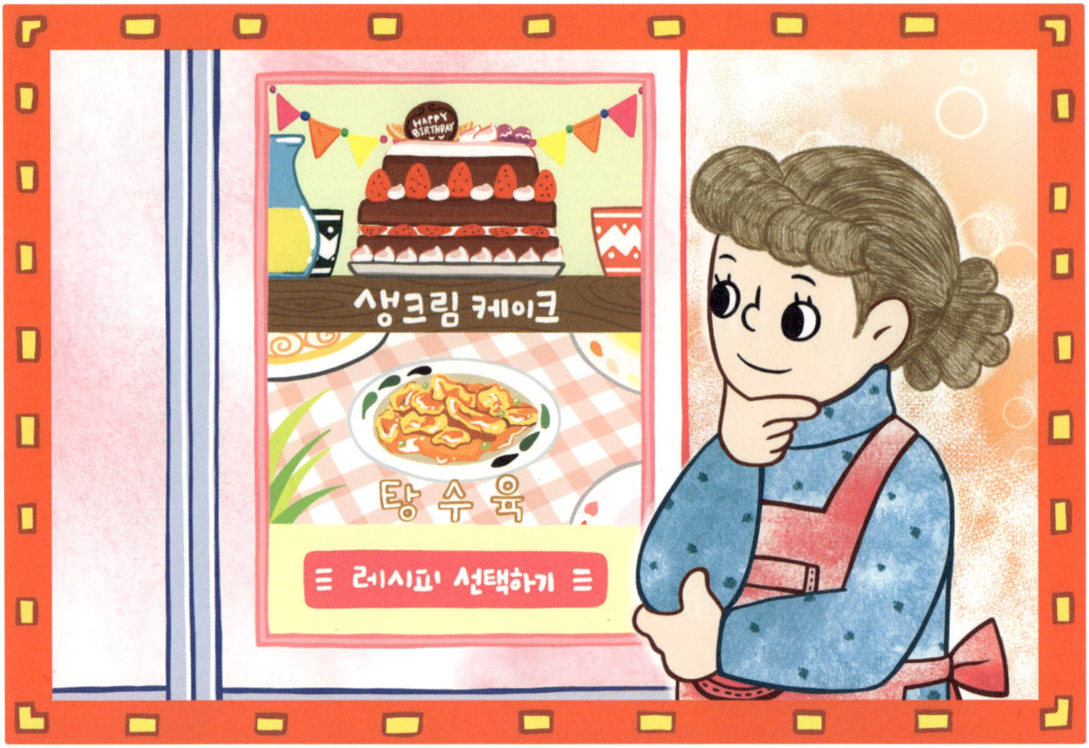
HAPPY BIRTHDAY
생크림 케이크
탕수육
레시피 선택하기

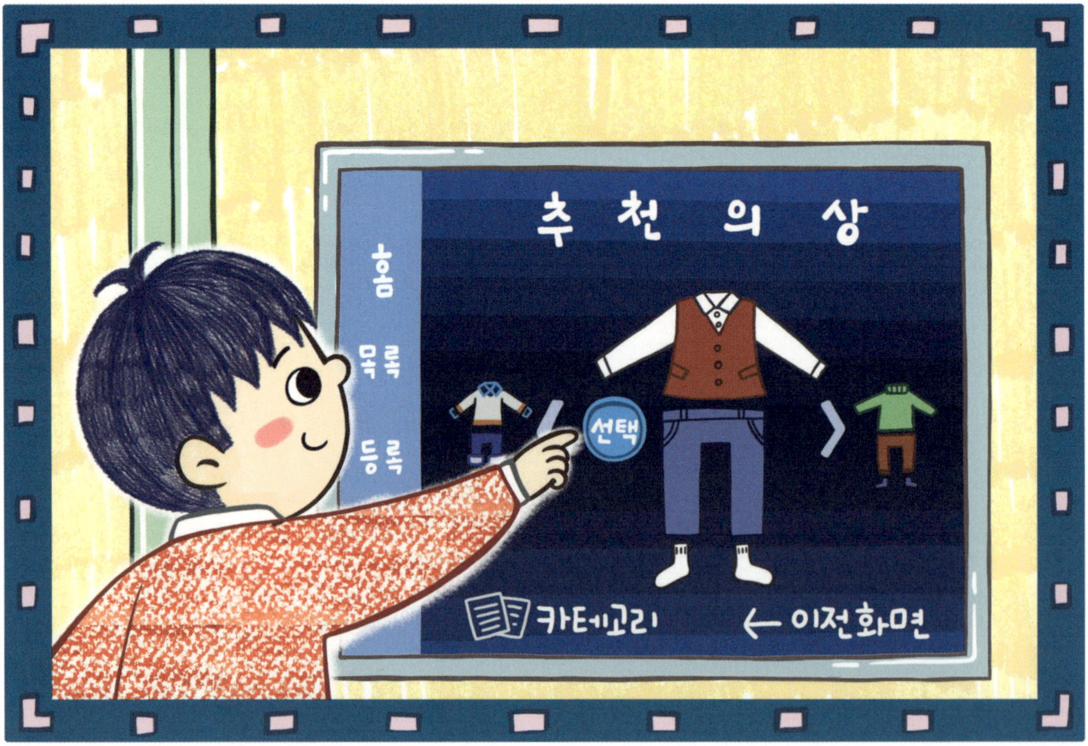
추천의상
홈
목록
등록
선택
카테고리
← 이전화면

"정말이야? 그런 게 가능해?"

나나가 깜짝 놀라 묻자 세진이는 고개를 끄덕였다. 생각해 보니 엘리베이터 거울에 뜨는 안내 정보 등이 꽤 여러 개 있었다. 그 와중에 신체 정보까지 스캔되었다니 그야말로 신기할 따름이다.

"야. 너희 집 너무 똑똑한 거 아니야?"

가영이의 말에 세진이는 씨익 웃었다.

"내가 신기한 체험을 할 거라고 했잖아."

세진이가 들어서자 나나와 가영이도 들뜬 얼굴로 세진이를 따라 집 안으로 들어갔다.

"안녕하세요!"

"그래. 우리 세진이 친구들이구나. 만나서 반가워. 배고프지?"

나나와 가영이가 세진이 엄마에게 인사하자 세진이 엄마가 반갑게 맞아 주셨다.

"엄마, 나 잠깐 방에 가방 좀 놓고 나올게."

세진이가 말하자 엄마는 고개를 끄덕이며 다시 부엌으로 들어갔다. 나나와 가영이는 세진이를 따라 세진이의 방으로 향했다.

세진이의 방은 이미 세진이가 왔다는 것을 알고 있는 것 같았다. 세진이가 갈아입을 옷의 추천 목록이 옷장 겉문에 장착된 패드에 떠 있었다. 세진이는 그중 하나를 선택했고, 옷장 안에 필요한 옷의 위치가 패드에 그려졌다. 세진이는 그 위치를 보고 갈아입을 옷을 꺼냈다. 나나가 그 모습을 보고 웃었다.

"옷장이 옷까지 추천해 주다니, 마치 옷장이 살아 있는 거 같아."

"응. 날씨와 실내 기온, 그리고 내 생체 정보까지 파악해서 옷을 추천해 줘. 똑똑한 녀석이야."

세진이가 옷을 갈아입기 위해 나나와 가영이는 거실로 나왔다. 언뜻 보기에는 여느 집과 다르지 않은데, 그야말로 세진이네 집은 신기한 것들로 가득했다. 집안 구석구석에 놓인 가구들, 가전들이 서로 대화를 하고, 필요한 것을 추천해 준다니. 뭔가 미래 세상에 와 있는 기분이었다.

"자, 어서 오렴."

부엌에서 나온 세진이 엄마가 나나와 가영이를 보고는 따뜻하게 웃었다. 부엌에서는 맛있는 음식 냄새가 풍겨 나오고 있었다.

음식 냄새를 맡자 나나와 가영이는 갑자기 허기가 졌다. 아이들은 얼른 부엌으로 들어가 테이블에 앉았다.

"우아. 정말 맛있어 보여요."

나나가 감탄하자 세진이 엄마는 활짝 웃었다.

"입맛에 맞으면 좋겠다. 우리 세진이가 오늘을 정말 기다렸단다."

"오늘이요? 생일이라서요?"

가영이가 묻자 세진이 엄마가 고개를 끄덕였다.

"응. 생일날에 친구들을 꼭 초대하고 싶다고 했거든. 무척 좋은 친구들이라며."

세진이 엄마의 말에 나나와 가영이의 얼굴에 미소가 번졌다.

"세진이도 정말 좋은 친구예요."

나나가 말하자 세진이 엄마가 호호 웃었다. 그때 막 부엌으로 들어선 세진이도 나나의 말을 들었는지 얼굴이 붉어졌다. 생일 케이크에 초를 꽂고 아이들은 생일 축하 노래를 불렀다. 세진이의 얼굴에는 웃음꽃이 피어났다. 음식을 먹으며 세진이가 나나와 가영이에게 물었다.

"어때? 우리 집이 좀 새로운 게 많지?"

"응. 정말이야. 신기한 게 무척 많아. 이런 집에서 산다면 매우매우 좋을 것 같아."

탕수육을 우물거리며 나나가 말하자 세진이가 하하 웃다가 입을 열었다.

"좋긴 한데. 사실 난 좀 불편하기도 해."

"뭐? 이런 집에서 사는 게 불편할 게 뭐가 있어?"

세진이의 말에 가영이가 묻자 이번에는 세진이 엄마가 끼어들어 말했다.

"나도 세진이 말에 동감한단다. 가구와 제품들이 똑똑하게 알아서 해주니까 편리하긴 해. 그런데 내가 직접 생각하고 고민할 여지가 많이 줄어들었단다."

"응. 나는 가끔 추천해 준 옷이 아니라 내키는 대로 옷을 입고 싶기도 하거든."

"맞아. 엄마도 알려 준 조리법대로가 아니라 내 마음대로 창의적인 요리를 하고 싶기도 해. 때로는 내가 기억하지 않아도 제품이 다 알려 주니까, 신경 써서 기억하는 것들이 줄어든 것 같아. 그러다 집 밖에 나가면 내가 기억해서 일처리를 해야 하니까 당황하기도 했단다."

"집에서 애써 움직이지 않아도 다 알아서 나오니까 움직이는 것도 줄어들었어. 자연스럽게 운동도 덜하게 된 것 같아."

세진이와 세진이 엄마의 말을 듣고 나나와 가영이는 순간 멍해졌.

사물인터넷이 알아서 해 주는 환경이 오히려 불편해질 수도 있다니. 생각지도 못한 이야기다.

"저 그런 영화를 본 적이 있어요. '월-E'라는 애니메이션이었는데요. 거기 나오는 미래 사람들이 모두 알아서 로봇들이 해 주니까 걷지도 않고 앉아만 있다 다리의 힘이 없어졌어요. 하는 일은 모니터만 바라보는 거였어요."

나나가 이야기하자 세진이와 세진이 엄마는 생각에 잠겼다. 가영이도 본 적이 있는 영화였다. 세진이 엄마는 미소를 지으며 입을 열었다.

"그래. 기술이 좋아진 만큼 우리는 어떻게 그 기술과 함께 살아가야 하는지를 고민해 봐야 돼. 우리의 환경에는 점점 더 과학 기술이 접목되어 갈 테니까. 과학 기술 속에서 어떻게 행복을 찾고 가치를 찾는지가 더 중요해질 거란다."

세진이 엄마의 말에 세진이와 나나, 가영이는 고개를 끄덕였다. 세진이가 나나에게 생일 케이크를 조각내어 나누어 주었다. 나나는 케이크 접시를 받으며 빙그레 웃었다.

"다음에는 우리 집에도 놀러 오지 않을래? 신기한 체험은 없지만, 숙제도 같이 하면 좋고."

나나의 말에 세진이는 얼떨떨한 얼굴이 되었다. 그 모습을 보고 가영이가 풋 웃음을 터트렸다. 그제야 세진이는 냉큼 대답을 했다.

"그럼. 당연히 가야지."

나나와 가영이는 세진이의 대답에 밝게 웃음을 터트렸다.

집에 있는 모든 제품이 인터넷으로 연결된다면 어떻게 될까?

냉장고나 세탁기 같은 가전제품에 인터넷이 연결되면 어떤 일이 벌어질까? 서로 필요한 정보와 데이터를 주고받으면서 알아서 일을 처리할 수 있게 될 거야. 이러한 일을 가능하게 하는 기술을 우리는 사물인터넷(Internet of Things)이라고 불러.

사물인터넷이라는 말을 들어 본 친구들도 있을 거야. 최근 들어 사물인터넷 제품이 많이 개발되고 있거든. 만약 냉장고, 전자렌지, 세탁기와 같은 가전제품들이 인터넷에 연결되어 있다면 우리는 집 밖에서도 스마트폰이나 자동차에 있는 기기들을 통해서 집 안의 제품으로 정보를 보내거나 받는 일이 가능해져.

세계적인 정보기술 연구 및 자문회사 '가트너(Gartner)'는 2009년까지 사물인터넷 기술을 사용하는 사물의 개수는 9억 개였다고 알려 줬어. 어마어마한 숫자지? 그런데 2020년에는 무려 260억 개에 이를 것으로 예상된대. 이렇게 많은 사물이 인터넷에 연결되면 거기에 필요한 기술도 엄청나게 발달하게 되겠지. 그렇다면 앞으로 어떤 기술이 발달하게 될까?

우선 인터넷 상에서 사물을 각각 구별할 수 있는 '식별 기술'도 필요하게 될 거야. 이것을 '사물 신원 확인'이라고 말해. 우리는 인터넷 IP address라는 고유 번호를 이용해서 사물을 구별하게 돼. 많은 사물의 신원을 일일이 확인하기 위해서는 어마어마한 IP address가 필요하게 될 거야.

또한 사물이 지닌 정보를 다른 사물에게 전달하거나 합쳐서 새로운 정보를 만들기도 해야 되지. 예를 들면, 음식 조리법에 필요한 재료의 양과 냉장고에 남아 있는 재료의 양을 계산해서 마트에 주문할 재료의 양을 결정하는 거지. 그러려면 냉장고와 요리 방법, 마트 사이의 정보를 공유해야 되겠지. 그러기 위해서는 사물끼리 정보를 전달할 수 있는 네트워크를 만드는 방법도 개발되어야 해.

이전의 IT 기기들이 사람이 입력한 정보를 이용해서 어떤 행동을 취했다면, 사물인터넷은 사물 스스로 필요한 정보를 습득하고 이용하게 돼. 그러기 위해서 사물에 청각, 미각, 후각, 촉각, 시각처럼, 사람과 같은 감각을 느끼는 센서를 만들어 주어야 하지. 이러한 ==센서 기술==도 발달하게 될 거야.

이 외에도 사물인터넷이 우리 실생활에 유용하게 쓰이기 위해서는 많은 기술들이 필요해. 현재도 과학 기술을 연구하는 많은 사람들이 사물인터넷과 관련된 기술들을 개발해 나가고 있어. 사물인터넷이 더 많은 곳에 적용될수록 우리 삶은 확실히 편해질 거야. 하지만 사람이 해야 할 일을 제품이 대신 해 주는 일도 많아지겠지. '사람이 하는 일이 점차 줄어드는 것이 정말 좋기만 한 것일까?'란 고민도 함께해 봐야 될 거야.

의사 선생님도 사물인터넷?

전문가들은 다양한 사물인터넷 분야 중에서 가장 크게 발전할 분야로 헬스케어(Health Care)를 꼽고 있어. 헬스케어는 우리의 건강을 지키기 위한 의료 서비스와 기술들을 말해.

현재 우리는 태어나는 아기들은 적고 어르신들은 점점 늘어나는 '저출산 고령화' 시대에 살고 있어. 이 추세대로라면 앞으로 전체 인구는 점점 줄어들 거야. 그중 노인들은 점점 늘어날 거고. 그래서 사람들은 더 길어진 삶을 더 건강하게 살아가는 것에 대해 더욱 고민하게 될 거란다. 그렇기 때문에 건강 관리를 위한 기술들은 계속 발전하게 되고, 그러한 흐름 속에서 사물인터넷은 아주 중요한 역할을 맡게 될 거야.

　동화에서 세진이의 엄마가 감기를 걸렸는데, 헬스케어 시스템을 통해 집에서도 의사에게 진찰을 받을 수 있었어. 진단 기계를 통해 몸 상태를 진찰하고 그 정보를 멀리 떨어져 있는 의사에게 전달해. 그 정보

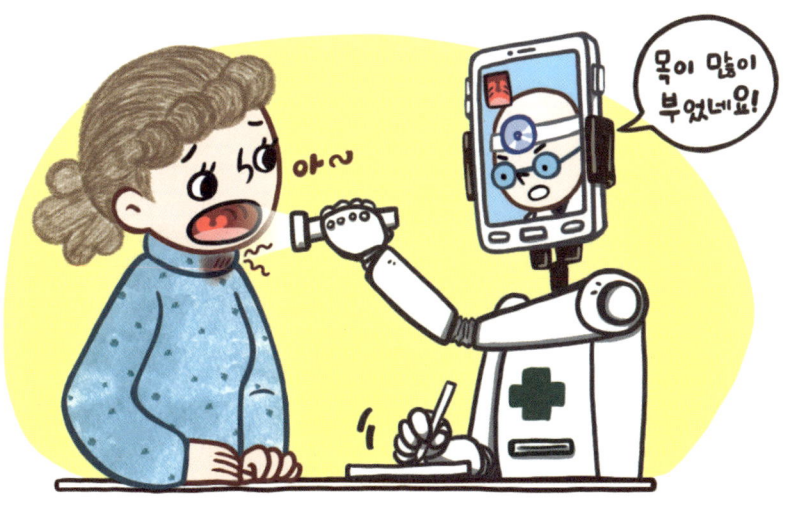

를 바탕으로 모니터를 통해 환자와 인터뷰를 하며 진료를 보는 거지. 이것은 아주 대표적인 '사물인터넷을 이용한 의료 서비스'야. '원격 의료 서비스'라고도 하지.

여기서 더 발달된 기술을 이용하면 '체내 센서'라는 것도 등장한단다. 인체에 센서를 장착해서 엑스레이 검사나 수술대에 올라 직접 확인하지 않아도 몸 안을 언제든지 관찰할 수 있는 기술이지. 물론 문제가 생겼을 때 즉시 치료도 가능해질 수 있어.

이미 이런 서비스가 시중에 나와서 환자들에게 사용되고 있어. 심장이 좋지 않은 사람을 위해서 심장 근처에 센서를 장착해서 심장의 뛰는 소리를 확인해. 그러다 이상이 있을 때는 바로 병원으로 알려서 큰 사고를 막을 수 있는 제품이지.

미국의 대형 병원들은 실시간 추적 시스템을 사용해서 환자, 의료진, 의료 설비가 어디에 있고 어떻게 움직이는지를 항상 관찰해. 이러한 정보들을 의료 데이터로 만들어 관리하는 시스템을 구축해 놓았어. 프랑스, 인도에는 스마트폰, 태블릿 PC, 몸에 부착할 수 있는 기계 등을 이용해 병원에서 멀리 떨어져 있는 환자를 관찰하고, 나이가 들어 거동이 불편한 어르신들이나 만성질환 환자들을 보살피고 치료하는 기술을 사용하고 있어.

그 외에 어떤 제품이 사물인터넷을 이용해서 우리의 건강을 관리할 수 있을까? 생각하기에 따라 얼마든지 다양한 건강 관리 제품과 서비스가 나올 수도 있을 거야. 바로 너희들의 창의력과 상상력을 통해서 말이지.

자동차는 이제 더욱 똑똑해질 거야!

자동차가 똑똑해진다니, 좀 재미있는 표현이지? 사물인터넷을 가장 잘 이용할 수 있는 사물은 단연 자동차가 아닐까 해. 운전면허가 있는 어른들이 없어도 이제 차를 타고 어디든지 갈 수 있는 무인(無人)자동차가 곧 나올 수 있을 것 같아. 그뿐만이 아니야. 좌석에 앉는 순간에 자동차가 알아서 목적지를 설정하고 알아서 운전해 주는 일도 해. 그러는 동안에도 운전석에 있는 다양한 사물, 예를 들어 자동차 시트나 거울, 안전벨트 등을 통해 탑승자의 상태를 자연스럽게 점검하는 것도 가능해질 거라고 해.

또 어떤 기술이 가능할까? 만약에 세진이가 자라서 나나와 데이트를 하게 됐다고 생각해 보자. 가까운 곳에 정말 맛있는 음식점이 있어서 거기서 점심을 먹고 영화를 보러 간다고 가정해 봐. 그러면 자동차에 타고 목적지를 말하는 순간에 오늘 그 음식점이 문을 열었는지, 좌석은 남아 있는지도 바로 검색이 되어 세진이에게 알려 줄 수도 있어. 음식점의 가구와 제품들에서 전송되는 정보들을 파악해서 말이지. 만약 그 음식점에 빈자리가 없다면 비슷한 음식점을 검색해서 자동으로 목적지를 변경해 주는 일도 가능해질 거야.

자동차 안에서 탑승자의 건강을 체크하는 서비스도 결합될 수 있어. 만약에 몸이 좋지 않다면 자동차가 직접 여행을 취소하는 것을 권장할 수도 있다고 해. 사고가 나면 자동차가 자동으로 신고하는 시스템은 이미 만들어져 있어. 어때? 사물인터넷 기술과 함께라면 앞으로 자동차 여행이 더 즐거워지지 않을까?

엄마를 닮은 인공지능 로봇 안나와 지수의 홈런볼

안나가 항상 내 곁에 있어서 다행이야

"지수야. 벌써 8시야. 얼른 일어나야지."

늦잠꾸러기 지수는 간신히 눈을 떴다. 지수는 항상 늦잠 때문에 아침도 먹는 둥 마는 둥 하고 등교하기 일쑤다. 오늘은 학교에 가는 날이 아니다. 하지만 야구 시합이 10시부터 시작이니까 지금 꼭 일어나야 한다. 야구 시합이 생각나자 지수는 퍼뜩 눈을 떴다.

"아! 큰일이다. 몇 시야?"

"2096년 10월 5일 오전 7시 48분입니다. 오늘은 야구 경기가 있는 날입니다."

지수의 침대가 시간과 오늘 일정을 알려 줬다. 지수는 벌떡 일어나서 옷부터 주섬주섬 입기 시작했다. 야구부인 지수는 매일 유니폼을 갈아입어야 하는데 어제 진흙탕에서 훈련을 해서 유니폼이 엉망이었다. 하지만 역시나 유니폼은 새 옷처럼 깨끗이 세탁되어 있었다. 인공지능 세탁기가 옷에 묻은 얼룩의 종류나 섬유의 해어짐까지 다 파악해서 최적의 상태로 세탁해 준다. 지수가 잠든 사이에 안나가 유니폼을 지수 침대맡에 가져다 둔 모양이다.

"자, 한 번 입어 볼까?"

지수는 유니폼에 팔을 꿰어 입었다. 유니폼을 입자 왠지 오늘 시합에서 승리할 것 같은 예감이 들었다. 엄마는 지수가 유니폼을 입은 모습을 보면 "선머슴 같아!"라고 타박하겠지만, 지수는 야구부 유니폼이 참 맘에 들었다. 더 멋있는 자신이 된 기분이 들었기 때문이다. 그런 지수를 엄마는 아마 절대 이해하지 못하겠다는 눈빛으로 보시겠지만 말이다.

"흠. 오늘 예감이 좋은데?"

지수네 엄마는 원래 야구 같은 스포츠를 별로 좋아하지 않으셨다. 주로 음악을 듣거나 책을 읽는 걸 즐기셨기에 지수 역시 함께 그런 취미를 가지길 바랐던 것 같다.

그런데 지수는 엄마와는 취향이 영 반대였다. 지수는 치마보다는 운동복에 더 관심이 갔다. 엄마처럼 얌전히 앉아 음악을 듣기보다는 바깥에서 신나게 뛰어 노는 것을 더 좋아했다. 그런 지수를 보고 엄마는 조금 서운해 하셨던 것 같기도 하다.

지수가 초등학교에 입학하고 나서 야구부에 지원한 것은 사실 할아버지 영향이 크다. 할아버지가 야구 선수로도 활동을 하셨고 은퇴하시고 나서도 야구 관람을 매번 놓치지 않았다. 덩달아 할아버지 손을 잡고 야구 경기장을 자주 찾은 지수는 자연스레 야구에 대한 관심이 커지게 된 것이다. 야구부에 들어가 유니폼을 받은 날에는 얼마나 좋았는지 그 자리에서 방방 뛰었다.

지수는 곧바로 1층으로 내려가 식탁에 앉았다. 오늘은 아빠가 일찍 나가셔서 지수 혼자 밥을 먹어야 했다. 아빠는 이따가 시합 시간에 맞춰서 경기장에 오신다고 하셨다. 식탁 주변에서 식사를 챙기고 있던 안나가 지수를 보고 물었다. 안나의 부드러운 음성이 그리우면서도 익숙하다.

"지수야. 세수를 아직 하지 않았어. 밥부터 먹으려고?"
"응. 어차피 이따가 야구를 하면 다시 더러워질 텐데. 뭐."
"그래도 너무 지저분하면 안 좋아. 이리 와 봐."

안나는 지수 옆으로 미끄러지듯이 다가와서 물이 묻은 수건을 들었다. 그런 다음 지수의 얼굴을 수건으로 꼼꼼히 닦아 주었다. 지수의 얼굴을 다 닦아 주고 난 다음에 안나는 가벼운 바람으로 물기를 말려 주었다.

지수는 상쾌해진 기분에 절로 미소가 지어졌다.

"역시 안나밖에 없어."

안나는 준비된 식판을 지수의 앞에 놓았다.

"자. 그럼 이제 밥을 먹어도 되지?"

지수는 안나에게 말하고는 밥과 국을 떠먹기 시작했다. 안나는 그런 지수의 모습을 물끄러미 바라보고 있었다. 아니 뭔가 지수에게 더 필요한 것이 없는지를 찾아보고 있었다는 게 더 정확한 표현이다. 안나가 정수된 물을 받아서 지수의 옆에 놓았다. 지수는 기다렸다는 듯이 물을 들이켰다.

"안나야. 고마워."

고맙다는 인사에도 안나는 별다른 반응을 보이지 않는다. 그저 안나는 다시금 지수에게 필요한 것이 없는지를 찾아내듯이 살펴보고 있었다.

안나는 지수네 집에서 함께 생활하는 인공지능 로봇이다. 인공지능

로봇은 아이 보모 로봇부터 학교 선생님 로봇까지 다양하게 나와 있다. 안나의 경우, 가사 도우미 로봇이다. 모습이 사람과 비슷하게 생겼고, 집안일에 한해서 여러 가지 기능을 수행할 수 있다.

방금 지수의 얼굴을 닦아 줄 때도 팔에 달린 수건과 드라이어 기능을 이용했다. 어지간한 살림 도구는 모두 안나의 본체에 달려 있다. 거기다 목소리는 지수의 아빠가 특별히 설정한 대로, 지수 엄마의 목소리로 말한다.

"어제 선더스랑 아쿠아즈 경기는 어떻게 됐어?"

지수는 궁금한 얼굴로 안나를 바라보았다. 어제 훈련을 너무 힘들게 받느라 피곤한 나머지 일찍 잠에 들고 말았다. 그래서 지수가 가장 좋아하는 야구팀 선더스의 경기를 보지 못했다.

"선더스가 3:1로 이겼어. 하이라이트를 보여 줄까?"

안나는 가슴에 달린 패드를 가로로 눕혔다. 이윽고 패드 위에는 어제 경기의 하이라이트가 편집되어 홀로그램 영상으로 나타났다. 홀로그램 영상은 빛을 이용한 3차원 영상이다. 안나가 틀어 준 영상은 마치 식탁 위에서 실제 야구 경기가 펼쳐지는 것처럼 생생하게 보였다. 안나는 지수가 좋아하는 선수와 득점 장면을 위주로 편집해서 영상을 띄웠다.

지수는 흥미진진한 눈빛으로 영상을 바라보았다. 좋아하는 팀이 승리하는 모습을 보자 지수는 기분이 좋아 어깨를 들썩였다.

"아. 진짜 멋지다. 나도 오늘 열심히 해서 꼭 이겨야지!"

지수의 당찬 말에 안나는 별다른 반응이 없었다. 그저 밥을 다 먹은 지수가 입가를 닦을 수 있게 손수건을 내밀 뿐이었다. 지수는 익숙하다는 듯이 손수건을 건네받아 입을 닦았다.

"자, 이제 경기장으로 가 볼까?"

지수는 식탁에서 일어나서 야구 글러브와 배트가 들어 있는 가방을 메고 현관으로 나갔다. 안나는 조용히 지수의 뒤를 따랐다. 집 밖으로 나가자 이미 자동차가 도착해 있었다. 아빠가 직접 데려다 주지 못해서 자율 주행 자동차의 일정을 미리 입력해 놓았기 때문이다.

"그럼, 안나야. 다녀올게. 잘 있어."

지수가 뒤에 있는 안나를 돌아보며 인사하고는 자동차로 다가갔다.

"응. 지수야. 슈퍼 파워로 오늘도 홈런!"

안나의 목소리에 차에 오르던 지수는 잠깐 멈칫했다. 그러다 생각에 잠긴 듯 아래를 내려다보았다. 하지만 이내 얼굴을 들고 환하게 웃으면서 안나에게 손을 흔들어 주었다.

방금 안나가 한 말은 엄마가 경기에 가는 지수에게 늘 하던 응원의 말이었다. 안나는 엄마와 똑같은 목소리로 그 말을 하니까 지수는 갑자기 엄마가 몹시 보고 싶어졌다.

> 엄마를 닮은 인공지능 로봇 안나와 지수의 홈런볼

모두의 사랑을 담은 홈런볼

　안나는 모든 것이 엄마와 비슷하게 만들어진 로봇이다. 그렇지만 지수가 느끼기에 그냥 엄마를 닮은 차가운 로봇일 뿐이다. 물론 안나가 싫지는 않다. 엄마가 없는 지금 안나는 지수에게 가장 든든한 친구이기도 하다. 하지만 아무래도 안나에게서는 엄마가 주었던 감정과 따스함을 느낄 수가 없다.

　지수는 달리는 자동차 안에서 글러브를 꽉 쥐었다. 이 글러브는 특별하다. 처음 야구부에 들어가게 되고 나서 엄마와 함께 골랐던 글러브이기 때문이다.

"엄마는 야구 룰도 모르는데 우리 딸은 야구 박사가 다 됐네. 맘에 드니?"

"응! 정말, 정말, 정말 맘에 들어."

지수는 글러브를 가슴에 꼭 품으며 엄마에게 뽀뽀를 했다. 엄마는 그런 지수를 사랑스러운 눈빛으로 바라보았다. 하지만 이제 엄마의 그 따스한 눈빛을 직접 볼 수는 없다. 지수는 창밖의 하늘을 보았다.

'엄마. 하늘에서 꼭 응원해 줘.'

지수의 엄마는 2년 전에 돌아가셨다. 엄마는 엄청나게 발전한 현대 의학으로도 치료하기 힘든 병을 앓고 계셨던 것이다. 엄마는 허약한 체질이라 면역력이 약하다고 했다. 그런데다가 외출도 잦은 일을 해서 바이러스에 많이 노출되었다고 했다. 결국 투병 생활을 위해 일도 그만두고 집에서 요양을 했는데도 엄마의 병은 나빠져만 갔다.

엄마를 생각하자 지수의 두 눈에 눈물이 고이는 것 같았다. 아빠는 엄마가 돌아가신 뒤에 지수를 돌보기 위해 인공지능 로봇 안나를 데리고 왔지만 지수는 안나에게 엄마를 느낄 수 없었다. 엄마의 목소리가 그리워서 안나에게 자주 말을 걸지만, 그리움은 채워지지 않았다. 언제나 지수를 보며 웃던 눈빛과 따스한 손길은 이제 두 번 다시 받을 수 없을 것이다.

"이제 지수 야구 시합할 시간까지 1시간 남았습니다."

지수 아빠의 컴퓨터 비서이자 연구 파트너인 '세이'가 알려 줬다. 아빠는 모니터를 들여다보다 '아차' 하는 눈빛으로 세이를 보았다. 아마도 세이는 어제 아빠가 지수와 통화하는 내용을 듣고 기록 분석해서 야구 시합이 있다는 것을 알게 되었을 것이다. 그런 다음 시합 시간까지 확인하고 일정을 정리해 두었을 것이다.

세이는 아빠가 회의 중에 하는 말이나 통신 연락을 할 때 대화 내용을 스스로 분석하는 기능을 지니고 있다. 아빠의 말에서 중요한 내용을 기록하고 일정을 정리하는 일도 하는 아주 똑똑한 컴퓨터 프로그램이다. 지금처럼 중요한 일정도 알아서 알려 주고 말이다.

"아, 정말이군. 깜박할 뻔했어."

"야구장까지는 20분이 소요되니까 어서 준비해야 합니다. 지수와 만나는 시간까지 계산하면 적어도 10분 후에는 여기서 나가야 합니다."

세이는 아빠에게 알려 주며 아빠의 일정을 다시금 정리했다. 아빠가 고개를 끄덕이자 세이는 아빠가 하고 있던 연구까지 저장하고 정리해 두었다. 연구에 사용했던 장비까지 모두 제자리에 놓았다. 아빠는 이제 재킷만 걸치고 나가기만 하면 되었다.

　인공지능이 사람의 일을 대신해 주는 세상이 되면서 대다수 사람들은 일주일에 3일만 일을 하고 있다. 하지만 지수의 아빠처럼 개발과 연구를 하는 직업은 시기에 따라 더 바빠지기도 했다. 오늘도 다른 사람들은 대부분 쉬는 날인데 지수네 아빠만 사무실에 나왔다.

　"자. 이제 나가야겠다. 아빠가 오면 꼭 홈런을 칠 수 있을 거라고 했으니 절대 늦어서는 안 되지. 아참, 세이. 득렬이에게 전화 좀 해 줘. 정신이 없어서 미리 연락을 못 했네. 이 녀석, 시간이 있는지 모르겠군."

　세이는 아빠의 말에 알았다는 신호를 보냈다.

　득렬 아저씨는 지수네 아빠의 가장 친한 친구이자 사진작가다. 최근에는 로봇 사진작가들이 촬영 일을 도맡고 있지만, 아직 지수 아빠는 득렬 아저씨가 지수의 사진을 가장 잘 찍는다고 생각한다.

　'사진은 역시 피사체에 애정이 있어야 좋은 사진이 나오는 법이지. 암.'

　지수 아빠는 사무실을 벗어났다. 발걸음을 빠르게 움직였다.

　그 시간에 득렬 아저씨도 야구장 근처에 다다랐다. 세이의 연락을 받기 전부터 득렬 아저씨는 지수의 경기를 알고 있었다.

'이런 날에는 당연히 내가 기념사진을 찍어 줘야지.'

손에 든 패드를 만지작대며 득렬 아저씨는 경기장을 서성였다. 오늘은 이 패드에 내장된 카메라가 지수의 사진을 멋지게 찍어 줄 것이다.

득렬 아저씨는 십 년 전까지 아주 훌륭한 경찰이었다. 하지만 어느새 점점 감시 드론과 경찰 로봇이 많아지면서 현장에 출동하는 일이 줄어들었다. 득렬 아저씨의 일은 드론이 촬영한 영상을 분석하고 경찰 로봇을 배치하고 지휘하는 일로 바뀌어갔다. 오랫동안 현장 근무에 나가지 않자 득렬 아저씨는 경찰 일에 대한 흥미를 차츰 잃어갔다.

그러다 득렬 아저씨는 취미였던 사진 촬영을 두 번째 직업으로 택했다. 피사체에 애정을 가득 담은 득렬 아저씨의 사진은 사람들에게 아주 인기가 많았다. 득렬 아저씨는 사진 대회에 나가서 상까지 받게 되었다. 요즘은 일주일에 한 번씩 영상 강의까지 한다.

야구장 앞에서 득렬 아저씨는 저만치 걸어오는 지수네 아빠를 발견했다.

"오, 득렬아. 반갑다. 역시 우리 지수 경기에는 네 사진이 빠질 수 없지!"

지수 아빠가 반갑게 말하자 득렬 아저씨도 호탕하게 웃었다.

"당연하지. 오늘은 꼭 홈런을 친다고 지수가 나한테도 호언장담을

했다고."

"그래. 나도 홈런을 기대하고 있어. 먼저 경기장에 가 있어."

"그래. 이따 보자."

지수 아빠도 득렬 아저씨도 모두 지수의 홈런을 기대하고 있었다. 오늘은 돌아가신 지수 엄마의 생일이기 때문에 지수가 꼭 홈런을 치겠다고 모두에게 약속했기 때문이다.

야구부 대기실을 가기 위해 지수 아빠는 발걸음을 옮겼다. 그러고 보니 오늘 경기를 위해 지수의 이모 가영도 오겠다고 했다.

지수, 아빠, 득렬 아저씨, 가영 이모 모두 오늘은 특별한 장면을 기대하고 있다. 바로 야구부 4번 타자인 지수가 큰 홈런을 날리는 장면이다. 아빠는 잔뜩 신이 난 지수가 마운드를 돌면서 하늘에 대고 이렇게 외치는 모습을 떠올렸다.

"생신 축하드려요! 엄마, 사랑해요!"

멋진 홈런볼이 하늘을 날아 지수 엄마에게도 닿을 수 있기를 바라면서 말이다.

인공지능은 어떻게 그렇게 똑똑해?

2016년 3월 인공지능 알파고가 세계에서 가장 바둑을 잘 둔다는 바둑기사 이세돌 9단을 이기는 일이 벌어졌어. 알파고를 만든 구글의 인공지능 개발 회사 '딥마인드'의 CEO 데미스 하사비스는 "우리는 달에 착륙했다"는 말로 알파고의 승리를 자축했다고 해. 그만큼 인공지능이 바둑기사를 이긴 일이 큰 사건이라는 뜻이지.

도대체 인공지능이 무엇이기에 바둑 몇 판 이겼다고 온 세상이 들썩이는 걸까? 기본적으로 인공지능은 인간처럼 학습하고 생각하는 지성을 갖춘 기계나 기술을 말해. 쉽게 이야기하면 '생각하는 기계'지. 현재 우리가 사용하는 컴퓨터는 사람이 명령하는 일만 해낼 수 있어. 그런데 인공지능은 사람이 시키는 일 말고도 자기 스스로 해야 할 일을 찾아서 수행하는 것이 가능해. 어떤 문제 상황에서 스스로 방법을 찾고 답을 알아내는 것을 기계가 할 수 있는 것이지. 알파고가 이세돌 9단을 이긴 일은 그 자체로만 비춰지지 않았어. 바로 인간이 만든 기계가 인간을 이겼다는 의미에서 큰 파장을 일으켰던 것이지.

특히 바둑은 머리싸움이라고 불리는 게임이야. 생각의 생각을 거듭해야만 승리할 수 있는 게임이지. 바둑은 돌을 두는 착점이 총 361개야. 첫 수를 주고받는 경우의 수만 12만 9960가지가 돼. 체스의 경우, 첫수를 주고받는 경우의 수가 400가지 정도야. 그래서 수리적으로 계산하기가 바둑보다는 간단하지. 그런데 바둑의 경우 한 판에 나오는 경우의 수가 수학적으로 단순히 계산해도 700자리 수가 된다고 해. 그래서 바둑은 똑같은 바둑이 없대. 앞으로도 없을 거라고 해. 단순 계산만으로는 승리할 수 없는 경기지. 그런 게임에서 인공지능이 사람을 넘어섰다는 거야.

그렇다면 인공지능 알파고는 어떻게 그렇게 똑똑해질 수 있을까? 알파고는 '딥러닝'이라는 기술을 활용해서 기존에 활동하고 있는 프로 바둑기사들의 바둑 패턴을 공부했어.

딥러닝이란 무엇일까? 바로 '기계학습'의 방법 중 하나야. 여기서 말하는 기계학습이란 컴퓨터에게 엄청나게 많은 데이터를 주고 스스로

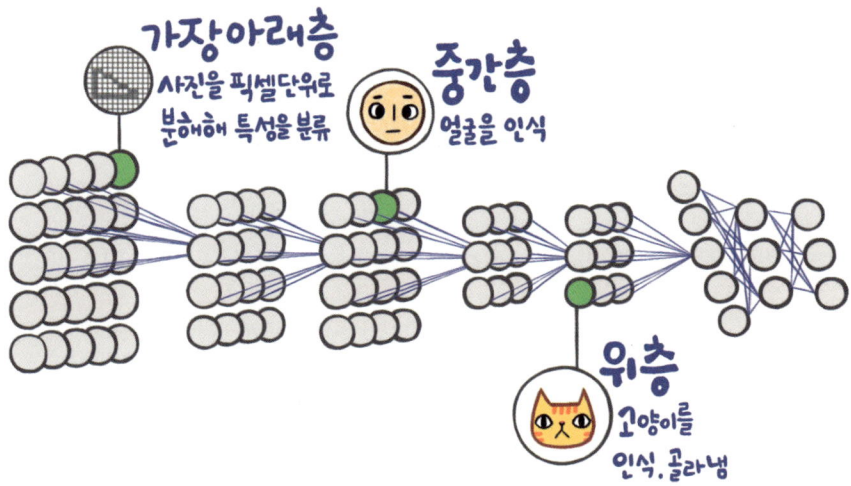

딥러닝이 사람과 고양이를 구분하는 방법

구글은 이미 2012년에 1,000대의 컴퓨터로 1,000만 개의 유튜브 이미지를 딥러닝으로 분석해 사람과 고양이를 구분해 내는 법을 알아냈어.

가장아래층
사진을 픽셀단위로 분해해 특성을 분류

중간층
얼굴을 인식

위층
고양이를 인식, 골라냄

<mark>일반적인 형식을 찾도록 하는 것을 말해.</mark> 그러니까 딥러닝은 데이터만 넣어 주면 알아서 각각의 중요한 특징을 찾아 스스로 학습한다는 이야기야.

게다가 알파고는 '강화학습'이라는 학습 방법을 더했다고 해. 강화

학습은 알파고와 알파고가 경기하며 바둑을 배워 가는 거야. 기존 데이터만으로는 프로만큼 바둑을 두기 힘들었는데 강화학습을 거치면서 알파고는 바둑 실력을 훌쩍 키울 수 있었어.

　그렇다면 지금 우리의 인공지능 기술은 어디까지 왔을까? 아직 인공지능은 사람의 뇌처럼 복잡하고 다각적인 사고를 하지 못해. 알파고의 바둑, 왓슨의 퀴즈나 의료처럼 어느 한 분야만 잘하는 경우가 대부분이지. 알파고를 만든 하사비스 박사는 "우리는 인공지능이 인간을 돕는 강력한 도구라고 생각한다"고 말했어. 그래서 "알파고로 쌓은 기술을 활용해 즉석 번역이나 스마트폰 비서, 더 나아가 의료 분야의 어려운 과제들을 해결하는 데 기여할 것"이라고 이야기했어. 정말 기대되는 미래이지 않니? 나도 '영화 '아이언맨'에 나오는 '자비스' 같은 인공지능 비서가 있다면 얼마나 좋을까?' 하고 생각해 본 적이 있어. 그런 미래가 지금도 우리 곁에 다가오고 있어.

로봇이 사람을 대신할 수 있을까?

알파고의 활약과 함께 사람들에게 인공지능에 대한 관심과 우려가 매우 높아졌어. 많은 사람들이 이러한 걱정을 해.

'인공지능이 계속 발전하고 로봇 기술이 지금보다 뛰어나지면 우리가 하는 일을 로봇이 전부 하겠지? 그럴 때 우리 인간은 어떻게 돈을 벌지? 어떤 일을 할 수 있을까? 거기서 과연 기계와 경쟁력이 있을까?'

맞아. 사람들이 예상한 대로 앞으로 로봇은 우리가 하고 있는 일들을 많이 대신해 주게 될 거야. 2016년 1월 '4차 산업혁명'을 주제로 열린 제46차 세계경제포럼에서 이러한 전망을 내놓았어. 인공지능을 비롯해서 로봇 공학, 사물인터넷과 같은 기술이 발전하면서 2020년까지 일자리 710만 개가 사라질 것이라고 전망했지. 사무직이나 제조업, 건설·채광 분야, 미술·디자인·엔터테인먼트·스포츠·미디어 분야, 법률 분야 등에서 사라지는 직업이 많을 것이라고 해.

반면 새롭게 생겨나는 일자리도 많아. 경영·재무 운영 분야, 관리 감독 분야, 컴퓨터·수학 분야, 건축·엔지니어 분야, 영업, 교육 관련 분야 등에서 200만 개의 일자리가 새롭게 생겨난다고 보았어. 물론 지금보다 일자리는 많이 줄어들 거야. 하지만 그만큼 생산성이 좋아지게 돼. 그 결과, 사람은 지금보다 적은 일을 하면서도 더 많은 수익을 얻을 수 있을 거라는 의견이 다수를 차지하고 있지.

2020년까지 200만 개의 일자리가 새롭게 생겨난다고 했지만, 그 이후에도 우리가 생각지도 못한 일자리가 계속 생겨날 수 있을 거라고 봐. 실제로 세계로봇연맹은 인공지능과 밀접한 로봇 산업에서 2008년까지 800만~1000만 명의 고용이 창출됐다고 밝혔어. 또한 2020년까지 240만~430만 명을 추가로 고용하게 될 거라고 예측했지.

우리나라 로봇의 개발 역사에 대해 쓴 책 《휴보이즘》에서 한국생산기술연구원의 박상덕 로봇연구 실용화 그룹장님이 이렇게 말씀하셨어. "집집마다 로봇을 한 대씩 갖고 있는 세상이 올 것"이라고. 그러면서 "증기기관이 만든 산업혁명, TV와 컴퓨터가 만들어낸 정보혁명을 기억해야 한다."라는 충고도 같이 하셨지. 이 말을 중요하게 생각해야 할 것 같아. 증기기관과 산업혁명 등은 우리 인간의 일자리를 많이 빼앗아갔어. 하지만 지금이 그때보다 삶은 더 윤택해졌지. 물론 새롭게 생겨날 일에 대해 지금부터 준비한다면 더 좋겠지?

한편 동화에서 나온 것처럼, 인간만이 전달해 줄 수 있는 정서와 가치를 로봇이 과연 대신할 수 있을지는 의문이야. 인간의 뇌를 고스란히 옮겨다 놓은 강한 인공지능이 탄생된다고 하더라도, 유구한 역사를 지닌 인간의 유대 경험과 애착 관계를 그대로 재현하기는 힘들 거야. 안나처럼 로봇은 우리가 무엇이 필요하고 무엇을 좋아하는지는 알아볼 수 있을지 몰라. 하지만 엄마가 주었던 사랑과 정서적 충족감은 채우기 어렵겠지.

그런 의미에서 미래에는 로봇보다 더 뛰어난 능력으로 우리의 인간다움에 주목해 보는 것이 어떨까 싶어. 인간으로서 살아가는 것의 의미가 무엇인지는, 과학 기술의 발달과 함께 우리가 고민해 봐야 할 영역이야. 로봇으로 인간을 대신하려는 기술보다는 인간만이 가진 능력에 대한 의미를 고민해 보는 기회가 많았으면 좋겠어. 로봇과 경쟁하지 않고 함께 공생하면서 서로의 장점을 잘 활용할 수 있도록 말이지.

인공지능이 사람을 공격하지 않을까?

인공지능은 크게 둘로 나눌 수 있어. 바로 '약한 인공지능(weak AI)'과 '강한 인공지능(strong AI)'이야. 약한 인공지능으로 우리 주변에는 무엇이 있을까? 대표적인 예로는 아이폰에 든 '시리'나 구글, 네이버의 검색 시스템들을 꼽을 수 있어. 약한 인공지능은 인간의 다양한 능력 가운데 특정 능력만 구현할 수 있지. 사람만큼의 지능을 지니지는 못해. 어떤 문제를 실제로 생각하거나 해결할 수는 없는, 컴퓨터 기반의 인공적인 지능인 셈이야. 하지만 사람 입장에서 봤을 때는 엄청나게 똑똑한 녀석들이지. 방대한 데이터와 정보를 토대로 똑같은 문제를 사람보다 월등하게 뛰어난 능력으로 수행해 낼 수 있거든. 하지만 어디까지나 사람의 지능을 흉내 내는 것에 불과해.

그렇다면 인공지능이 사람을 공격하는 상상도 실제로 가능할까? 영화 '어벤져스'의 인공지능 '울트론'을 떠올려 보자. 울트론은 강한 인공지능 중에서도 '초지능'이라고 부를 수 있을 거야. 강한 인공지능은 지성, 이성, 감성 등 인간의 다양한 능력을 모두 갖추고 있어. 그래서 인간하고 대화하고 생활하는 데 큰 장벽이 없지. 초지능은 그것보다 월등하게 인간의 지능을 넘어선 존재를 뜻해. 우리가 두려워하는 것은 바로 이런 강한 인공지능이나 초지능이라고 보면 돼.

과학적으로 스스로 생각하고 행동할 수 있는 로봇을 만들 수 있다면, 강한 인공지능이 탄생할 가능성도 커지겠지. 실제로 많은 학자들이 21세기 후반에는 이러한 초지능이 등장할 것이라고 입을 모으고 있어. 하지만 아직까지 풀어야 할 난해한 문제가 많아서 정말 그렇게 될지는 미지수야.

일본의 미래학자 미치오 카쿠가 쓴 책 《마음의 미래》에서는 "자의식이란 주변 환경에 자신을 대입해 모형을 만들고, 그 상태의 미래를 가상으로 실험해 목표를 성취하는 능력"이라고 말했어. 매우 어려운 말이지? 쉽게 말하자면 로봇이 스스로 '나는 로봇이구나'라고 생각할 수 있는 능력이지. 미치오 카쿠는 또한 "이 능력을 발휘하려면 여러 가지 사건을 예측할 수 있어야 하며, 많은 상식을 가지고 있어야 한다."고 이야기했어.

이처럼 인공지능이 사람과 똑같은 수준의 의식 능력을 갖기 위해서는 인간의 뇌에 대한 완벽한 해석이 필요해. 하지만 우리는 아직까지 뇌에 대해 아는 것이 많지 않아. 하나의 작은 우주라고 표현될 정도로, 뇌란 존재는 매우 신비스러워. 뇌에 대한 연구는 이제 막 걸음마 수준이지. 인간의 뇌는 대략 1000억 개의 뉴런이 있고 이것들이 1만 개 이상의 시냅스와 연결되어 있다고 해. 이런 뇌를 해독하는 데 얼마나 많은 시간이 걸릴지는 상상도 하기 힘들지. 그렇기 때문에 당장은 인간을 위협할 만한 강한 인공지능을 개발하는 것은 어려울 거라고 이야기하고 있어.

인공지능 시대에 대한 어느 토론 수업

차가운 겨울방학, 우리의 앞날에는 어떤 일들이 벌어질까?

"안녕. 내일 봐."

"잘 가. 우연아."

청소 당번인 우연이는 청소를 마치고 친구와 인사를 하며 책가방을 멨다. 다음 주면 벌써 겨울방학이 시작된다. 친구들은 벌써 6학년 겨울방학이 초등학교에서 맞는 마지막 방학이라 더 특별하다며 야무진 계획들을 세우고 있다. 우연이도 이번 겨울방학을 어떻게 보내야 할지 곰곰이 생각해 보았다. 이제 새해에는 중학생이 된다고 생각하니 뭔가 마음이 싱숭생숭했다.

그동안 친하게 지냈던 삼총사 친구들과 다른 중학교에 가게 될 수도 있다. 우연이와 민주, 영돈이는 거의 매일같이 어울려 지냈다. 우연이는 민주와 영돈이와 헤어진다는 생각을 하면 벌써부터 코끝이 찡해졌다.

"아, 정말 이렇게 방학이 싫기는 처음이다!"

우연이는 학원을 마치고 친구들과 함께 떡볶이 집에서 만나기로 했다. 우연이는 서둘러 발걸음을 옮겼다. 친구들과 헤어지는 것만이 우연이의 마음을 뒤숭숭하게 만드는 것은 아니었다.

'민주는 벌써 진로를 정했다고 하던데.'

우연이가 떡볶이 집에 들어가자 민주와 영돈이는 이미 자리에 앉아 우연이를 기다리고 있었다. 민주가 우연이를 보고 손을 흔들었다. 우연이가 자리에 앉자 영돈이는 얼른 떡볶이와 튀김을 주문했다.

우물거리며 떡볶이를 먹던 민주는 갑자기 자신의 꿈을 고백했다.

"나, 프로그래머가 되려고."

"뭐? 프로그래머?"

"응. 그래서 겨울방학 때는 소프트웨어 공부도 해 볼 거야."

민주의 말에 우연이와 영돈이는 두 눈을 크게 떴다. 그렇지 않아도 6학년이 되면서 진로에 대한 이야기를 많이 들은 아이들이었다. 절친

한 친구인 민주는 벌써 꿈을 정했다는 말에 우연이는 자기도 모르게 초조함을 느꼈다.

'나는 앞으로 커서 무슨 일을 하지?'

영돈이도 같은 생각에 잠겼는지 잠시 말이 없었다. 그러다 영돈이가 어렵사리 입을 열었다.

"나는 사실 꿈이 없어."

"진짜?"

민주가 놀라 묻자 영돈이가 침통한 얼굴로 고개를 끄덕였다. 그러자 우연이도 조심스럽게 말했다.

"영돈아. 나도 그래. 난 내가 뭐가 되고 싶은지 잘 모르겠어."

"너희들. 뭐야. 장래희망 같은 거 있을 거 아니야."

민주가 얼떨떨한 얼굴로 묻자 영돈이가 한숨을 쉬며 말했다.

"야. 그거랑 지금 말하는 거랑 같냐? 그건 그냥 희망사항이지."

"왜 희망사항이야. 그러다 진짜 이뤄질 수도 있잖아."

"야. 내가 뭘 적었는지 몰라서 그래. 으휴. 말을 말자."

영돈이가 손을 내젓자 우연이가 고개를 갸우뚱하며 물었다.

"뭔데 그래? 영돈아."

"으… 나 장래희망에 '아이언맨 같은 로봇 슈트를 만드는 박사'라고 적었단 말이야."

"뭐어??"

민주가 황당하다는 얼굴로 영돈이를 보고 우연이는 크크 대며 웃음을 터트렸다.

"야. 비웃지 마!"

영돈이가 얼굴이 벌게진 채 소리를 버럭 질렀다. 우연이는 그런 영돈이를 보고 웃다가 눈물까지 글썽였다.

"씨이."

"미안. 미안. 영돈아. 난 너무 재미있어서."

"그만 비웃어."

영돈이의 말에 우연이는 웃음을 가까스로 거두고 입을 열었다.

"근데 나는 그거 희망사항 같지 않아. 충분히 꿈으로 이룰 수 있을 거 같아."

"뭐? 우연아. 너 요즘 시험 끝났다고 만화를 너무 보더라. 그래도 그건 아니지."

민주가 말하자 우연이가 어깨를 으쓱하며 말했다.

"진짜야. 나는 영돈이의 꿈이 꽤 멋진 것 같아. 영돈이보다 내가 더 걱정이야. 나는 정말 뭘 해야 할지 모르겠거든."

우연이가 진지하게 말하자 민주는 떡볶이를 먹던 포크를 내려놓고 턱을 괴었다.

"맞아. 실은 나도 프로그래머가 되고 싶긴 한데. 앞으로 어떻게 될지 모르겠어."

"우리의 앞날을 누가 좀 알려 줬으면 좋겠다."

우연이가 힘빠진 얼굴로 말하자 영돈이와 민주는 고개를 끄덕였다.

세 아이의 이러한 고민을 담임선생님이 듣게 된 것이 결코 일부러는 아니었다. 아이들이 떡볶이집 안에서 넋두리를 늘어놓을 때 선생님이 바깥쪽에서 떡볶이를 간식으로 사러 온 것이다. 당연히 안쪽에 앉은 아이들은 선생님을 보지 못했다.

선생님은 떡볶이를 주문하고 기다리다 세 아이들을 발견해 인사하려다 아이들의 한숨 섞인 목소리에 멈칫했다. 그러다 본의 아니게 세 아이들의 고민을 듣게 된 것이다.

'얼마 후면 졸업인데, 아이들이 이런 고민을 하고 있었구나.'

선생님의 입가에는 잔잔한 미소가 떠올랐다. 선생님은 떡볶이 값을 계산하고는 조용히 가게를 빠져나왔다.

"우연아. 선생님이 영돈이랑 민주하고 방과 후에 잠깐 남아 있으래."

반 회장의 말을 듣고 우연이는 의아한 얼굴로 고개를 끄덕였다. 시간이 흘러 방과 후 청소까지 마친 시간이 되자, 우연이는 영돈이랑 민주랑 함께 모여 앉았다.

"이상하다. 왜 우리만 남아 있으라고 하셨을까?"

"글쎄. 영돈아. 너 뭐 사고친 거 있니?"

"뭐? 야, 강민주. 내가 뭐 사고치고 다닐 애야?"

"하긴, 사고를 쳤으면 너만 남지. 왜 나랑 우연이까지 남으라고 하셨겠어. 그건 아니겠다."

"뭐? 당연히 나도 아니지."

영돈이가 억울한 얼굴로 말하자 민주는 관심 없다는 얼굴로 벽에 걸린 달력을 바라보았다. 영돈이도 민주의 시선을 따라 달력을 보았다. 민주가 생각에 잠긴 얼굴로 입을 열었다.

"모레가 되면 겨울방학이네."

"응. 우리가 같이 보내는 마지막 겨울방학이야."

"야. 뭐야. 왜 이래. 분위기."

영돈이가 장난스러운 말투로 이야기했지만, 기분이 가라앉는 것은 어쩔 수가 없었다. 우연이도, 민주도 그저 말없이 스마트폰만 만지작대고 있었다.

드르륵.

"미안. 얘들아. 오래 기다렸니?"

교실문이 열리는 소리와 함께 선생님이 들어오셨다. 선생님 손에는 따뜻한 우유병 세 개가 손에 들려 있었다. 활짝 웃는 선생님을 보고는 아이들은 자리에서 일어났다. 선생님이 다가와서 아이들에게 우유를 건넸다.

"와. 뜨뜻하다. 감사합니다."

"선생님, 잘 마실게요."

아이들이 환하게 웃으며 인사를 하자 선생님은 고개를 끄덕이며 아이들 곁의 의자에 앉았다.

선생님이 앉자 우연, 민주, 영돈이는 긴장한 얼굴이 되었다.

'근데 갑자기 왜 우리만 부르신 거지? 무슨 말을 하시려는 걸까?'

그런 아이들의 기색에 선생님은 웃음을 터트리며 입을 열었다.

"하핫. 긴장하지 마렴. 요즘 너희가 고민이 많아 보여서 불렀어."

"저희가요?"

"응. 이제 곧 겨울방학도 시작되고, 너희가 중학생이 되잖니. 미래에 대한 생각도 많아질 테고."

"엇. 선생님, 어떻게 아셨어요?"

"정말요. 저는 요즘 그것 때문에 늘 기분이 이상해요. 밤에 자려고 누울 때도 생각이 나요."

"저도요."

선생님의 말에 아이들은 너도나도 자기 이야기를 시작했다. 그런 아이들의 모습에 선생님은 미소를 지었다.

"미래는 아직 오지 않은 날이기 때문에 언제 생각해도 불확실하기

마련이야. 게다가 너희 세대는 인공지능이 발달해 지금까지와는 다른 세상이 펼쳐지게 될 거라는 이야기도 많아지고 있지. 그래서 더욱 미래에 대해 생각할 때 복잡하고 두려운 마음이 들기 쉽단다."

"정말이에요. 저희 엄마는 벌써부터 진로를 생각할 때 로봇이랑 경쟁해서 살아남을 직업을 선택하라고 말하세요. 사실 로봇이랑 어떤 경쟁을 하게 될지도 모르는데요."

우연이가 털어놓자, 영돈이가 눈이 휘둥그레졌다.

"에이. 무슨, 우리가 로봇이랑 경쟁을 해. 그런 건 다 영화에서나 나오는 일이라구."

영돈이가 말하자 선생님이 턱을 쓰다듬으며 입을 열었다.

"음. 영돈아. 우리의 미래는 이제 인공지능과 함께하는 영역이 더욱 많아질 거란다."

"네? 정말요?"

"그럼. 기술의 발달로, 지금도 우리의 직업에는 많은 변화가 일어나고 있는걸. 우리가 하는 많은 일들이 너희 세대 때는 다른 양상으로 로봇이 맡게 될 수 있단다."

"그럼 저희는 앞으로 무슨 일을 해야 하나요?"

"선생님. 미래에는 어떤 일들이 일어나는 거예요?"

아이들이 걱정스러운 얼굴로 묻자 선생님이 잔잔히 웃으며 대답했다.

"너희들의 질문에 대신 답해 줄 만한 영화가 있어. 어려운 설명보다는 우리 그 영화를 보고 이야기해 보자."

선생님의 제안에 세 아이들은 힘차게 고개를 끄덕였다.

인공지능 시대에 대한 어느 토론 수업

로봇과 함께하는 삶, 인공지능 시대에 일어나는 일들

시청각실에는 선생님과 세 아이들 말고도 몇몇 아이들이 더 있었다. 선생님이 신청해 놓은 영화의 소식을 듣고, 관심 있는 아이들이 함께 영화를 보러 왔던 것이다.

아이들이 자리를 잡고 앉자 선생님이 앞에 나가 영화를 간단하게 소개했다.

"이 영화는 1999년에 만들어진 영화야. 그러니까 선생님이 지금보다 훨씬 젊고 날씬하고 예뻤을 때 만들어진 영화지."

선생님의 능청스러운 말에 아이들은 웃음을 터트렸다. 아이들을 마주 보며 웃던 선생님은 이어서 설명했다.

"제목은 '바이센테니얼 맨'이야. 인공지능을 가진 로봇에 대한 영화지. 인공지능 로봇과 함께하는 삶에 대해 많은 시사점을 던져 줄 거야. 미래 너희들이 살아갈 세상에 대해 예측하고 생각할 것들도 많이 알려 줄 거란다. 영화가 끝나고 우리의 앞날에 대해, 그리고 인공지능 시대에 대해 함께 이야기해 보도록 하자."

선생님의 말에 아이들은 숨죽여 화면을 응시했다. 몇몇 아이들은 필기도구까지 준비해서 꺼냈다.

이윽고 조명이 꺼지고 스크린에 영상이 흐르기 시작했다.

영화가 끝난 후 시청각실의 조명이 커졌다. 영화를 본 아이들의 얼굴은 모두 제각각 변해 있었다. 여자아이들 중에는 훌쩍거리며 우는 아이도 있었다. 우연이와 민주도 눈시울이 잔뜩 붉어져 있었다.

영화의 내용은 가사용 인간형 로봇 NDR-114가 인간이 되려고 하는 스토리를 담았다. 당연히 미래 세상에서 인공지능이 인간의 일자리를 빼앗을 거라는 내용이 나올 줄 알았는데, 영화의 내용은 예상과 달랐다.

"앤드류가 너무 불쌍해요."

훌쩍거리며 우는 아이가 눈물을 닦으며 말했다. 아이들은 그 친구의 말에 고개를 끄덕였다.

영화에는 앤드류라는 이름의 로봇이 나온다. 앤드류는 뛰어난 지능과 능력을 가진 로봇이다. 인간에게 필요한 여러 가지를 발명해 내고, 강한 인공지능을 가져서 진짜 인간을 사랑하는 단계까지 다다른다. 영화 속에서 앤드류는 한 여인을 사랑하게 되어 그녀와 함께하기 위해 인간이 되려고 한다.

하지만 아무리 지적 능력이 뛰어나도, 로봇은 인간과 달리 영원한 생명을 가져 인간과 같을 수는 없다. 결국 앤드류는 인간이 될 수 없다는 판결을 받는다. 앤드류가 사랑하는 여인 역시 인공 장기로 영원히 살기는 싫다고 한다. 앤드류는 자신의 몸을 '늙어 죽도록' 프로그래밍한다.

선생님은 아이들을 보면서 이야기했다.

"선생님은 이 영화에서 가장 기억에 남는 대사가 있어. 앤드류가 '저에 대해 찬사나 평가가 아니라, 있는 그대로의 단순한 진실로 인정받는 것이 목표입니다. 그걸 이루기 위해 저는 고귀하게 죽는 것을 택했습니다.'라는 말을 해. 선생님은 이 대사가 이 영화의 가장 큰 주제라고 생각해. 앤드류는 '역사상 가장 오래 산 인간'으로 인정받기 위해 죽는 선택을 하는 거지."

"저는 인공지능 로봇에게 부족한 거라고는 절대 없을 거라고 생각했어요. 인간에 비해 능력도 뛰어나고 영원히 살 수도 있고. 그런데 인간이 되기 위해 죽다니."

우연이가 멍하게 말하자 선생님은 미소를 지으며 아이들을 둘러보았다.

아이들은 영화를 보고 감동과 충격을 받은 듯했다. 영돈이의 얼굴은 붉게 상기되어 있었고, 민주의 눈에도 눈물이 맺혀 있었다.

선생님은 우연이처럼, 아이들이 인공지능 시대에 대해 저마다 다양한 의미를 느꼈으면 좋겠다고 생각했다.

"자, 이제 영화에 대해 이야기해 볼까? 각자 어떻게 느꼈는지 말해 줄래?"

"저는 앤드류 같은 로봇이 있을 거라고 생각하지 못했어요. 인간을 사랑하고, 인간이 되려고 하는 로봇이라니. 그런 건 들어 본 적이 없거든요."

민주가 말하자 아이들 대부분이 맞장구를 쳤다.

"맞아요. 로봇은 인간을 돕는 존재잖아요. 인간을 사랑하는 존재가 아니고."

"정말 인공지능이 발달하면 그렇게도 될 수 있나요?"

"저는 사실 무서웠어요. 앤드류는 착한 로봇이었지만, 다른 모든 로봇이 앤드류 같이 인간을 사랑하리라는 법은 없잖아요. 그런데 저렇게 똑똑하고 능력이 좋다면 우리는 어떻게 될까요?"

"맞아. 앤드류처럼 움직이면 우리는 일할 것도 없어지고, 돈도 벌기 힘들어지는 거 아니야?"

아이들은 이제 제각각 자신의 생각을 자유롭게 이야기하기 시작했다. 안경을 쓴 남자아이가 냉철한 목소리로 말했다.

"제가 본 영화에서는 로봇이 반란을 일으켜서 사람들을 통제하려고 했어요. 그런 미래가 올 수도 있지 않을까요?"

남자아이의 말에 아이들은 일순 조용해졌다. 갑자기 미래에 대한 불길한 상상력이 번져 가는 것 같았다. 선생님은 그런 아이들의 분위기를 말없이 바라보았다.

"하지만 결국 로봇은 사람이 만드는 거잖아. 사람이 로봇에게 그런 폭력적인 부분을 만들어 주지 않으면 되지 않을까?"

민주의 말에 안경을 쓴 남자아이는 차갑게 대답했다.

"사람들도 폭력적인 성향이 있잖아. 그런 사람들이 로봇을 만들게 되면 그런 부분을 과연 만들지 않을까? 폭력적인 부분을 일부러 만들어서 이용하려면 어떻게 하려고?"

"왜 나쁘게만 생각해. 앤드류처럼 인공지능을 발달시켜서 인간을 사랑하는 로봇을 만들려고 하면 되잖아. 그러면 세상이 더 행복해질 수도 있을 거야."

민주가 발끈하며 말하자 선생님이 손을 들어서 날카로워진 분위기를 진정시켰다. 아이들은 그제야 토론을 멈추고 선생님을 바라보았다.

"선생님이 보기에, 민주와 정훈이의 말이 다 가능성이 있는 미래 같단다. 결국 로봇을 만들어 내는 우리가 어떤 태도로 지녔는지가 중요해. 그것이 우리의 앞날에 더 큰 영향을 미칠 것 같아."

선생님의 말에 민주도, 안경을 쓴 정훈이도 고개를 끄덕였다.

인공지능 시대에 대한 어느 토론 수업

삼총사, 더욱 중요해지는 인간의 삶에 대해 토론하다

잠자코 있던 우연이가 그제야 입을 열었다.

"선생님, 저는 그것보다 로봇이 우리 일자리를 다 빼앗아 갈까 봐 더 걱정되었어요. 앤드류도 그렇지만, 영화에 나오는 인간형 로봇이 다 일하잖아요. 아빠가 그러는데, 지금도 취업난이 심각하대요. 저희가 커서 어른이 될 즈음에는 더 심해지면 어쩌지요?"

우연이의 말에 맨 뒤에 앉아 있던 여자아이가 손을 들고 말했다.

"저희 오빠가 그러는데요, 그런 이야기는 옛날 자동화 기계가 나올 때도 있었대요. 하지만 지금은 사람들이 일하는 영역이 더 넓어졌고요."

"맞아. 예슬아. 기계가 발전하면 사람들의 일자리가 없어질 거라는 이야기는 예전에도 있었지."

선생님이 예슬이와 우연이를 보며 입을 열었다.

"컴퓨터, 반도체, 인터넷 등으로 시작된 3차 산업혁명 때도 새로운 기술이 기존의 일자리에 큰 변화를 불러왔어. 사라지는 일자리들도 있었지만 새롭게 생겨나는 일자리들도 많았지."

"그러면 인공지능이 발달해도 일자리는 계속 있을까요?"

"분명히 변화는 생길 거야. 하지만 새로운 일자리들도 생겨나고, 또 우리의 일에 대한 개념도 달라지게 될 수도 있단다."

선생님의 말에 아이들은 궁금한 눈빛으로 바라보았다. 아무래도 자신들의 미래에 직접 연관된 문제라고 생각하니 더욱 호기심이 많아지는 듯했다.

"너희들 사물인터넷, 가상현실, 스마트 자동차 같은 말들을 들어 봤니?"

"아, 광고에서 본 적이 있어요. 무슨 똑똑한 냉장고라고 나오던데."

"저도 자동차가 알아서 운전해 주는 영상을 본 적이 있어요."

몇몇 아이들의 말에 우연이와 민주, 영돈이는 깜짝 놀랐다. 사물인터넷, 가상현실이라는 말도 낯설었는데 알아서 운전해 주는 자동차에 대한 영상도 봤다니. 매우 신기한 소식을 아는 친구들이 의외로 많았던 것이다.

선생님은 빙그레 웃으며 말했다.

"맞아. 전문가들은 앞으로 새로운 일자리의 절반 이상이 ==정보 통신 기술과 융합된 영역==에서 나타난다고 예측해. 우리 앞날에는 인공지능과 과학에 대한 이슈가 더욱 늘어나게 될 거야. 기술이 발달한 만큼 일의 시간이나 분량에 대한 사람들의 생각에도 변화가 생길 수 있어."

우연이는 선생님의 말을 듣고 앞날에 대한 호기심이 더욱 커지는 것을 느꼈다.

그런 마음은 민주와 영돈이도 마찬가지인 듯했다. 맨 뒤에서 잠자코 선생님의 이야기를 듣던 예슬이가 손을 번쩍 들었다.

"선생님, 저도 궁금한 게 있어요."

"그래. 말해 보렴. 예슬아."

"영화에서 앤드류는 자유 의지도 있고 인간처럼 느낄 수도 있어요. 사랑도 하구요. 그런데 죽지 않는다고 해서 사람으로 인정받을 수 없었지요."

"그렇지. 사람은 누구나 죽으니까."

영돈이가 예슬이의 말에 끼어들어 말했다. 예슬이가 영돈이를 흘깃 보고 말했다.

"그래? 하지만 지금도 의학 기술은 계속 발전하고 있잖아. 어느 순간 사람이 죽지 않고 살 수도 있게 된다면, 그들도 인간으로 인정할 수 없는 걸까?"

"뭐야? 그게 무슨 말도 안 되는 소리야?"

영돈이가 예슬이의 말에 황당하다는 표정으로 바라보자 예슬이는 흥분하지 않고 침착하게 말했다.

"솔직히 로봇이 인간처럼 느끼고 사랑하고 거의 똑같은 존재로 나오잖아. 인간이라고 안 될 게 뭐가 있어?"

"그건 영화니까 가능한 거잖아."

"하지만."

예슬이는 뭔가 더 이야기하려다가 입을 다물었다. 아이들도 예슬이와 영돈이의 대화를 관심 있게 듣다 선생님을 바라보았다. 이 문제에 대한 답을 선생님이 알려 주기를 기대하는 눈치였다. 하지만 선생님은 아이들의 기대와 달리, 감동받은 눈빛으로 아이들을 볼 뿐이었다.

"와. 너희 정말 대단하구나."

"네?"

선생님의 말에 아이들이 당황하며 반문하자 선생님은 반가운 기색에 손뼉까지 치며 말했다.

"정말이야. 선생님은 너희가 영화를 보면서 인간의 정체성까지 고민할 줄은 몰랐어. 굉장히 철학적인 질문인데, 정말 대단한걸!"

선생님의 칭찬에 예슬이의 얼굴이 붉어졌다. 영돈이는 머리를 긁적이며 옆에 앉은 민주에게 슬쩍 말했다.

"그게 그렇게 철학적인 말이었어? 허무맹랑한 말이 아니라?"

"으이그. 너 쟤 몰라? 올해 과학경진대회 1등 유예슬. 쟤가 허무맹랑한 말을 하겠냐?"

"아. 그래?"

영돈이가 머쓱해하자 선생님은 부드럽게 웃었다.

"너희의 말을 들으니, 로봇을 인간과 같은 생명체로 보느냐, 단순한 도구로 보느냐에 대한 결론이 먼저 나와야 될 듯해. 이것은 나중으로 미룰 일이 아니라 강한 인공지능이 완성되기 전에 미리 준비되어 있어야 되겠지."

선생님의 말에 아이들은 고개를 끄덕였다. 선생님은 말을 계속 이어 갔다.

"사람은 신이 아니야. 그렇기 때문에 수많은 시행착오와 오류를 범할 수밖에 없어. 인공지능에 대해서도 마찬가지라고 생각해. 다만, 그

시행착오와 오류를 얼마나 최소로 하는지는 우리 노력에 달렸어."

"로봇의 시대로 나가는 만큼 인간의 역할이 더 중요해진 거네요."

우연이의 말에 아이들은 감탄을 터트렸다. 그만큼 우연이의 말이 토론을 정확히 정리해 낸 것 같았기 때문이다. 선생님은 웃으며 말했다.

"맞아. 지금 나온 질문에 대한 답은 당장 구할 수 있는 건 없어. 그리고 정답이 있다고 생각되지도 않고. 하지만 모두 나름대로의 답을 찾기 위해 노력하고 더 많이 생각한다면 우리의 앞날은 오늘보다 더 행복해질 거라고 생각한단다. 그러니 앞으로 무엇을 할지 모른다고 해도, 혹은 좌절을 겪게 된다고 해도 풀 죽어 있지 말고, 힘내자꾸나."

"네!"

아이들은 힘차게 대답했다. 토론까지 마치고 나니, 아이들은 마음속에서 미래에 대한 긍정적인 호기심이 생겨났다. 아직 정해져 있지 않는 미래를 너무 걱정하기보다는 더 관심 있게 부딪혀 보려는 마음이 생겨난 것이다. 선생님은 우연이와 민주, 영돈이를 바라보았다.

세 아이들의 얼굴도 밝게 빛나고 있었다. 우연이와 민주, 영돈이는 더 이상 겨울방학이 걱정스럽지 않았다. 그보다는 뭐든 직접 부딪혀 볼 수 있는 미래의 시간이 더욱 기다려지게 되었다.

인공지능 시대에 인간은 어떤 역할을 하게 될까?

우리 미래의 모습은 어떨까? 예전부터 많은 과학자와 작가들은 우리가 살아갈 미래의 모습에 대해서 상상해 왔어. 많은 SF소설과 영화들이 우리의 미래에 대해 그럴 듯하게 그려내고 있지. 어떤 작품들은 우리의 미래를 너무 암울하게 보여 주지만 정말 멋있는 미래를 상상한 작품들도 많아. 동화 속 삼총사가 본 '바이센테니얼 맨'은 우리 미래를 지금보다 훨씬 살기 좋은 '유토피아'로 그리고 있어. 하지만, '터미네이터' 같은 영화는 인공지능 로봇이 인류를 지배하는 무시무시한 미래를 그렸지. 이처럼 영화로 우리의 미래에 대해 상상해 보는 것도 매우 흥미로운 시간이 될 거야. 여기 우리의 미래에 대한 멋진 영화 한 편이 또 있단다.

우리의 미래에 대해 생각해 볼 수 있는 영화 〈아이, 로봇〉

이 영화는 아시모프의 '로봇 공학의 3원칙'을 주제로 만들어졌어. 이 아시모프 로봇 공학 3원칙은 로봇을 만들 때 지켜야 할 세 가지 원칙을 말해. 영화의 배경은 2035년인데, 인간은 인공지능 로봇의 도움으로 아주 편하게 살아가고 있지. 이 시대의 로봇은 로봇 공학 3원칙을 충실히 지키도록 프로그램되었어. 그런데 어느 날 이 로봇을 발명한 박사가 스스로 목숨을 끊어. 그리고 경찰 델에게 자신의 죽음을 수사해달라고 유언을 남기지. 델은 수사를 하다 박사의 사무실에 숨어 있던 신형 로봇을 만나게 되는데, 이 로봇은 여느 로봇과 달리 감정도 있고 인간처럼 습득 능력도 있어. 델은 이 로봇이 박사의 살인범이라고 생각하지만, 로봇은 로봇 공학 3원칙에 의해 인간을 해칠 수 없게 프로그램되어 있다고 반박해. 이 영화를 보면 과연 '로봇 공학 3원칙으로 강한 인공지능 로봇이 인간을 위협하는 걸 막을 수 있을까?' 하는 의문을 남기게 돼.

아시모프의 로봇공학 3원칙

이 로봇공학 3원칙은 미국의 작가이자 화학 박사, 생화학 교수인 아이작 아시모프가 고안한 법칙이야. ==절대적인 법칙은 아니지만 인간이 과학을 연구할 때 어떤 윤리적 기준을 지녀야 하는지를 대표적으로 보여 주지. 현재 로봇 공학에도 많은 영감을 주고 있어.==

아시모프가 이야기한 3원칙은 다음과 같아.

제 1원칙. 로봇은 인간에게 해를 입혀서는 안 된다. 그리고 위험에 처한 인간을 모르는 척해서도 안 된다.

제 2원칙. 제 1원칙에 위배되지 않는 한 로봇은 인간의 명령에 복종해야 한다.

제 3원칙. 제 1원칙과 제 2원칙에 위배되지 않는 한, 로봇은 로봇 자신을 지켜야 한다.

아주 간단한 법칙 같지만 실제 인공지능이나 로봇을 만들 때 이 원칙을 적용하려면 엄청나게 복잡한 알고리즘을 만들어야 해. 어떻게든 이 원칙을 적용하도록 만들었어도 영화 〈아이, 로봇〉에서처럼 잘못 이해되고 우회해서 큰 사건이 일어날 수 있는 요소도 얼마든지 있어. 아시모프 스스로도 이 원칙의 모순을 이용해 벌어지는 사건을 소설에서

묘사했을 정도야. 나중에는 "로봇은 인류에게 해를 가할 만한 명령을 받거나 행동을 하지 않음으로써 '인류'에게 해가 되는 걸 방치해서도 안 된다"는 0원칙까지 만들게 돼.

데이비드 레스닉의 '과학의 윤리'

우리는 지금 정말 무서운 속도로 과학이 발전하는 세상에 살고 있어. 과학의 발전은 인간의 삶을 더욱 편하게 만들어 주기도 하지만 환경오염 같은 문제점도 낳고 있어. 그래서 과학자들은 과학 연구의 어두운 면도 항상 염두에 두어야 해. 인공지능이나 로봇 연구도 마찬가지지. 그런 의미에서 과학의 윤리는 아직도 꾸준히 논의되는 매우 어려운 부분 중 하나야. 우리나라도 연구 성과에만 연연하느라 결과를 부풀려 발표하거나 데이터를 조작하는 등 과학 윤리를 지키지 않아서 문제가 일어난 일들이 있었어.

훌륭한 과학자가 되기 위해 지녀야 할 윤리 의식에 대해 데이비드 레스닉이란 사람이 《과학의 윤리》라는 책에 잘 정리해 두었어. 이 책에서는 윤리적 과학 행위의 기준을 '도덕'과 '과학'의 기본 개념 위에서 만들었어. 즉 과학에 적용되는 윤리란, 우리가 상식적으로 알고 있는 도덕의 기준을 지키면서 과학의 발전을 이루어야 한다는 것이지. 레스닉은 연구의 윤리적 실천 원칙을 12가지로 정의했고, 2009년에 수정해서 발표했어. 이 12가지 원칙을 보고 우리에게 과학이 어떤 의미를 지녀야 하는지 생각해 보자.

❶ **정직함** - 데이터나 연구 결과를 조작하거나 왜곡하지 말아야 한다. 연구과정의 모든 측면에서 객관적이고 편향적이지 않고 정직해야 한다.

❷ **주의 깊음** - 연구 수행 및 결과를 제시하는 과정에서 오류를 범하지 않도록 한다. 실험적 · 방법론적 · 인간적 오류를 최소화하고, 자기 기만 · 편향 · 이해 갈등을 피해야 한다.

❸ **개방과 수용** - 데이터, 결과, 방법, 아이디어, 기법, 도구 등을 공유해야 한다. 다른 과학자들이 자신의 작업을 심사하는 것을 허용한다. 비판과 새로운 아이디어에 대해 열려 있어야 한다.

❹ **자유** - 과학자는 어떠한 연구든지 자유롭게 수행할 수 있어야 한다. 낡은 아이디어를 비판하고 새로운 아이디어를 추구할 자유가

허용되어야 한다.

❺ **공정한 공로 배분과 책임** - 공로는 실제적으로 기여한 사람에게만 주어져야 하고 공로를 인정받은 과학자는 그것에 대한 책임을 져야 한다. 한 개인이 어떤 연구에 대해 책임을 질 수 있을 경우에만 그것에 대한 공로도 주어져야 한다.

❻ **교육** - 과학자는 예비 과학자들을 훈련시키고 그들이 좋은 과학을 수행하는 방법을 확실히 배우도록 도와야 한다. 더 나아가 과학자는 일반 대중에게 과학에 대해서 교육하고 알려 줄 의무가 있다.

❼ **사회적 책임** - 사회에 해를 끼치는 것을 피하고 사회적 이익을 창출하도록 노력해야 한다. 과학자는 사회적으로 가치 있는 연구를 수행하고, 공공 토론에 참여하며, 전문가 증언을 제공하고, 과학 정책의 결정을 도우며, 엉터리 과학을 폭로할 의무를 지닌다.

❽ **준법** - 과학자에게는 자신의 활동에 적용되는 각종 법규를 준수할 의무가 있다. 여기에는 위해 물질의 사용, 인간과 동물을 대상으로 한 실험, 폐기물의 처리, 고용 관행, 연구 자금의 관리, 저작권과 특허 등에 관한 법규가 포함된다.

❾ **기회 제공** - 어떤 과학자라도 과학적 자원을 사용하거나 과학적 직업에서 승진할 기회를 부당하게 박탈당해서는 안 된다. 과학자는 인종, 성별, 국적, 연령 등과 같이 과학적 능력에 직접 관련되지 않은 특징에 기초하여 동료를 차별해서는 안 된다.

❿ **상호 존중** - 과학자는 서로 존중함으로써 협력과 신뢰의 관계를 구축해야 한다. 신체적 혹은 심리적으로 다른 과학자들을 해치지 않고, 개인의 사생활을 존중하며, 각자의 실험 혹은 연구 결과에 간섭하지 않아야 한다.

⓫ **효율성** - 자원을 효율적으로 사용해야 한다. 과학자가 한 논문으로 보고될 수 있는 연구를 여러 편의 논문으로 쪼개어 출간하는 행위도 과학 공동체의 자원을 낭비하는 일이다.

⓬ **실험 대상에 대한 존중** - 인간을 실험 대상으로 사용할 때, 인권 혹은 존엄성을 침해해서는 안 된다. 동물을 실험 대상으로 사용할 때도 적절한 존엄성과 조심성을 가져야 한다.

말도 뜻도 어려운 '4차 산업혁명'은 무엇일까?

우리는 지금 4차 산업혁명의 시대를 살고 있다고 해. 그렇다면 4차 산업혁명이란 무엇을 말하는 걸까?

먼저 그전에 산업혁명이라는 말에 대해 살펴보자. 산업혁명이란 어떤 기술이 새롭게 발명되면서 사회나 경제에 큰 영향을 미치는 현상을 뜻해. 1차 산업혁명은 증기기관이 발명되면서 시작됐고, 2차는 전기에

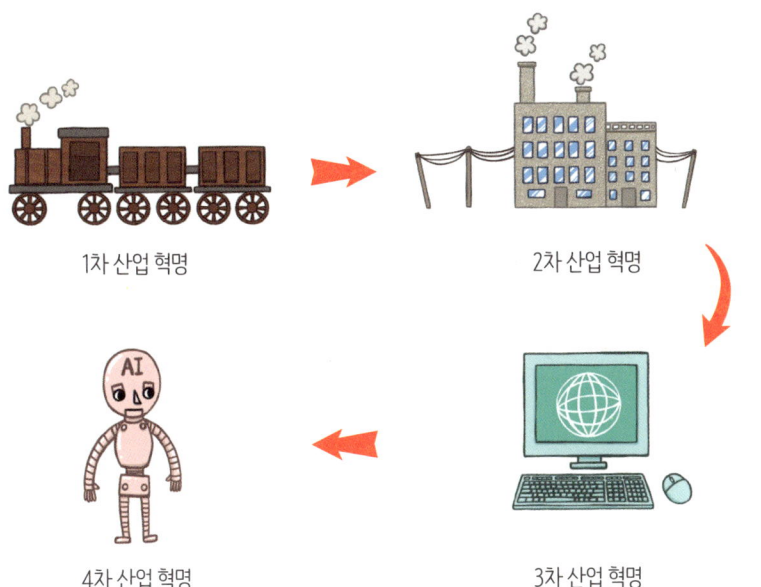

1차 산업 혁명
2차 산업 혁명
4차 산업 혁명
3차 산업 혁명

의한 대량 생산, 3차는 컴퓨터 기술이 이끌었지. 그렇다면 우리가 겪고 있다는 4차 산업혁명은 어떤 기술이 만들어 낸 걸까? 바로 제조업과 정보통신기술(ICT)이 융합되면서 생겨났다고 해.

바로 인공지능, 빅데이터(Big Data), 사물인터넷, 3D 프린팅, 로봇 등이 대표적인 4차 산업혁명을 이끄는 기술들이야. 너희들은 아직 4차 산업혁명이 만들어 낸 변화를 못 느낄지도 모르겠어. 하지만 세계경제포럼(WEF) 창설자 겸 회장인 클라우스 슈밥은 "4차 산업혁명은 산업과 경제, 고용, 사회, 정부 형태까지 모든 것을 바꿀 것"이라고 장담했어. 지금까지 3번의 산업혁명보다 더 큰 사회 변화를 가져올 거라는 뜻이야.

미래에는 지금의 직업들 대부분이 사라질 것이라는 이야기를 들어 보았니? 그러한 이야기도 이 변화에서 생겨난 것이야. 그래서 우리는 지금까지의 방식에서 벗어나 새로운 흐름에 대처해야 해.

안타깝게도 우리나라는 4차 산업혁명에 대한 준비가 늦었다는 평가를 받고 있어. 스위스의 글로벌 금융그룹 UBS가 발표한 4차 산업혁명 적응력 순위에서 한국은 평가 대상 139개국 가운데 25위에 그쳤어. 다행히도 이러한 발표에 자극을 받았는지 우리 정부에서 이에 대한 다양한 방법을 내놓고 있어. 우리나라는 앞서 동화에서 등장하는 AI(인공지능), 가상·증강현실, 자율 주행차, 경량 소재, 스마트 시티와 정밀 의료, 탄소 자원화, 미세먼지 저감·대응 기술, 바이오 신약 등을 새로운 미래 성장 사업으로 정했어. 그리고 전략을 마련하고 인재를 기르기 위해 계속 노력하고 있단다.

국어, 사회, 과학, 기술, 도덕, 경제까지
교과목 공부가 되고 세상의 눈을 키우는 상식도 쌓아주는
사회과학 동화 시리즈

공부가 되고 상식이 되는! 시리즈 ①
어린이 생활 속 법 탐험이 시작되다!
신 나는 법 공부!

변호사 선생님이 들려주는 흥미진진한 법 지식과 리걸 마인드 키우기!

이 책은 어린이 친구들에게 법률 지식은 물론 실생활에서 일어나는 크고 작은 사건들을 통해 법적 시야를 길러준다. 흥미로운 생활 이야기를 통해 어린이 친구들이 법적 추리, 논리를 배우고 꼭 필요한 시사상식을 알 수 있게 한다. 현직 변호사 선생님이 직접 동화와 정보를 집필하여 어린이 친구들에게 자연스럽게 리걸 마인드(legal mind)를 키워낼 수 있도록 돕고 있다. 생활에 필요한 법 지식을 배우게 되어, 법치 질서가 중요해지는 미래 사회의 인재로 자라나게끔 이끌어준다.

장보람 지음, 박선하 그림 | 168면 | 값 11,000원

공부가 되고 상식이 되는! 시리즈 ②
동화로 보는 착한 소비의 모든 것!
미래를 살리는 착한 소비 이야기

친환경 농산물, 동네 가게와 지역 경제, 대량생산vs동물복지, 저가상품vs공정상품

이 책은 어린이 친구들에게 현대 사회의 중요 행동인 "소비"를 통해 사회 활동과 경제 활동에 대한 이해를 높이며, 현명한 소비 생활에 대해 생각거리를 던져 주는 동화책이다. 왜 싼 제품을 사면 지구 건너, 혹은 이웃 나라의 아이들이 더 고생하게 되는지, 왜 동네 가게 주인 아저씨의 걱정이 대형마트와 관련이 있는지, 어린이 친구 눈에는 잘 이해되지 않는 소비에 관한 진실과 흐름을 들려준다. 세상은 더 연결되어 있고, 나의 작은 소비가 어떤 영향력을 가지는지를 알려준다. 어린이 친구들에게 '소비'라는 사회 행위에 담긴 윤리성과 생각거리를 일깨워 주고 다양한 쟁점에 대해 이야기해 보도록 제안한다.

한화주 지음, 박선하 그림 | 148면 | 값 11,000원

미래 사회를 이끄는 지식 리더들의
남다른 지적호기심!

공부가 되고 상식이 되는! 시리즈 ❸
똑똑한 경제 습관과 금융 IQ를 길러 주는 어린이 금융경제 교육
적금은 뭐고 펀드는 뭐야?

동화로 보는 어린이 금융경제 교육의 모든 것!

이 책은 어린이 친구들을 유혹하는 다양한 금융 서비스와 환경에 대해 제대로 살펴보고, 실생활에서 꼭 필요한 금융경제 지식에 대해 알려준다. 이미 선진국에서는 의무교육화된 '어린이 금융경제교육'의 필수 내용을 재미있는 동화로 풀어내고 있다. 어려워 보이는 금융 용어에 대해 이야기로 살펴보며, 경각심을 지켜야 할 부분에 대해 방점을 찍어준다. 어린이 친구들은 재미있는 이야기책을 보면서 자연스럽게 금융 IQ를 키우게 될 것이다. 금융의 책임감과 편견에 대해서도 바로잡아주며, 경제에 대한 균형 잡힌 시각을 키워주는 책이다.

김경선 지음, 박선하 그림 | 120면 | 값 11,000원

공부가 되고 상식이 되는! 시리즈 ❹
우리가 소셜 미디어를 하면서 반드시 알고 지켜야 할 것들의 모든 것!
미래를 이끄는 어린이를 위한
소셜 미디어 이야기

1인 미디어, 실시간 정보검색, 온라인 인간관계 길잡이, 올바른 SNS 사용규칙

이 책은 소셜 미디어 시대를 살아가는 어린이들에게 다양한 디지털 기기(스마트폰, 컴퓨터, 미니패드 등)를 통해 접하는 'SNS 서비스가 나에게 어떤 영향을 끼치는지' 재미있는 동화를 통해 깨달아간다. 더 나아가 익명성, 사생활 침해, SNS 중독 같은 사이버 문제를 해결하고 지켜야 할 윤리, 규칙에 대해서도 가르쳐준다. 소셜 미디어와 디지털 기기의 특성을 하나하나 살펴보며 온오프의 균형 감각을 가지고 슬기롭게 생활하는 방법을 일깨워준다. 바야흐로 미래의 주인으로 성장할 어린이 친구들에게 꼭 필요한 SNS 길잡이다.

한현주 지음, 박선하 그림 | 152면 | 값 11,000원